巴比倫首富
阿卡德的致富之道

成為有錢人

麥哲倫　著

如果你想成為富人，
就要先了解富人的想法。

前言

阿卡德是巴比倫最富有的人，他樂善好施，不管是對家人或鄉鄰，都十分大方，自己也毫不吝嗇地花錢，可是儘管如此，他的財富每年增長的速度，仍然超過了他花錢的速度。

一些好友對阿卡德說：「阿卡德啊，你的富有和我們的窘迫簡直是兩重天地。你已變成了全巴比倫最大的富翁，而我們卻還在為掙口飯吃而沒日沒夜地工作。你可以穿金戴銀，享盡人間美味，而我們只要能讓家人維持溫飽，就已經謝天謝地了。回想當初，我們平起平坐，受教於同一位老師，做同樣的遊戲——無論是念書或者玩樂，你並不比我們出色多少。可是，為什麼若干年以後，我們的境遇相差這麼遠呢？」

對於朋友的疑問，阿卡德毫不吝嗇地分享自己的「致富祕密」——

「假如這些年來你們的確是在辛勤地工作，過的卻僅僅是勉強糊口的生活，那是因為你們還未真正學會理財之道，或者是從來沒有掌握和實踐理財的訣竅。」

「我年輕的時候，常常反思和檢討自己，也不斷思考人生究竟有什麼東西可以帶來快樂和滿足。我終於體悟到，財富可以讓一個人更有能力享受快樂和獲得滿足。」

「當我明白這些道理之後，我決定無論如何也要贏得人生中這些美好的事物。我不願做一個臨淵羨魚的人，只能遠遠地站在那裡看著別人享受。我也不滿足於只穿著僅夠裹身的服飾，我更不甘心當一個窮苦無助的人。相反地，我決心要讓自己成為人生這場豐盛宴席上一位尊貴的嘉賓。」

「就時間而言，我們每個人都是一樣多。但是，有些人寧願讓寶貴的時間，在無所事事中白白地溜掉，也不願花費時間來認真思考和實踐如何致富。所以到如今，你們中除了某些人家庭幸福美滿令他們理所當然感到驕傲之外，其餘就再也沒有什麼可以炫耀的了。」

阿卡德究竟是如何變身為富翁的呢？

最初，阿卡德只是一個為官府工作的刻泥板匠，當他偶遇來官府申請開錢莊的阿加米希後，他的命運發生了轉折。看著阿卡德拼命地工作仍然是一個窮人，阿加米希向他傳授起了「致富之道」——

「當我決定將我所有收入的一部分給自己儲存起來之後，我便發現了一條致富之路。現在，你也可以如法炮製。」

「無論你賺的錢是多是少，都要先付錢給你自己。每次儲存的錢最好不要低於收入所得的十分之一，其實你絕對儲存得了比十分之一更多的錢。」

「財富就像一棵大樹，其實是從一粒小小的種子開始長起來的。你所存的第一個銅板就是這粒種子，它將來很有可能就長成了財富大樹。你越早播下這粒種子，你就越早讓財富之樹長大。你越忠實地經常以存款和增值來培育、澆灌它，你就能越快在財富的樹蔭下乘涼。」

聽聞阿加米希的見解後，阿卡德決心實踐阿加米希的建議。

大約十二個月後，阿加米希問阿卡德：「年輕人，在過去的一年裏，你是否給自己存留了不少於全部收入的十分之一的錢呢？」

阿卡德驕傲地回答：「是的，前輩。我拿這些錢給了製磚匠阿茲慕，他告訴我，他經常遠遊四海，他會幫我在提爾港購買腓尼基的稀世珠寶。等他回來，我們就將這些珠寶高價出售，再平分利潤。」

阿加米希咆哮道：「你憑什麼去相信一個製磚匠能對珠寶有見識呢？你難道會向麵包師父請教有關星星的知識嗎？如果你稍微有點腦筋的話，你就知道你應該去問天文學家。年輕人，你對你的財富之樹是揠苗助長啊，吸取教訓吧！」

果然，那些腓尼基人都是一幫騙子，賣給製磚匠的珠寶，實際上是毫無價值的玻璃，阿卡德辛苦攢下的錢頃刻之間，一去不復返了。

在隨後的一年中，阿卡德將所存下來的錢全部委託給盾匠阿格爾購買銅材，每四個月獲得一次利息，然後用利息買了蜂蜜、好酒和蛋糕，還買了一件紅色的袍子，並盤算在合適的時候買一頭驢來騎。

阿加米希聽說後哈哈大笑：「啊哈！你吃掉了你的錢子錢孫！你又怎能期待它們始終為你效勞呢？又怎麼能期待那些前人生出來的錢子錢孫也來服侍你呢？你首先應該讓自己擁有一堆足夠多的黃金來做你的奴隸，這樣你才能永久享有無數的歡樂而不是懊惱。」

阿卡德改變了自己的理財習慣，二年後，他已經擁有了一定財富了，並且還運用以錢滾錢、以利滾利的方法賺回了不少財富。

阿加米希滿意地說：「阿卡德，首先你學會了量入為出，再則你學會了向那些憑藉經驗而獲得才幹的人尋求忠告，最後你學會了如何讓黃金自始至終為你效勞。你已經懂得該如何存錢、投資和增值，因此你現在已經能肩負重任了。」

隨後，阿加米希誠懇地說：「假如你願意到尼普，看管我那裡的產業，我將收你為合作夥伴，你還可以分得我的一些財產。」

阿卡德接受了阿加米希的邀請，他到了尼普，不僅替阿加米希賺取了更多的財富，而且還使自己變得非常富有，並在阿加米希壽終過世後，分得了其生前通過法律程序遺贈的一部分財產。

阿卡德本是一個靠出賣苦力謀生的窮人，正是得益於阿加米希的言傳身教，他成功地脫身貧窮，獲得了源源不斷的財富。變身為富人後，阿卡德也如阿加米希一般，積極地向那些不甘貧窮的人傳授致富之道，在他的演講中，他將自己的「致富祕密」概括為七大要領。

第一：先讓你的錢包鼓脹起來

你每放進錢包裏10個硬幣，最多只能花掉9個，這樣，要不多久你的錢包就會鼓起來，它的重量日漸增加，握在手裏你會覺得很舒服，你的靈魂也會感到滿足。

這話聽來太簡單，也許會引你們發笑。但這是一個奇妙的真理，當你控制你的支出不超過所得的十分之九，你的生活仍然過得很舒適，但攢錢比以前更容易。這分明是上天賜給人的定理：錢包經常癟著的人，金子是不會進他的門的。

第二：為你的開銷做預算

每一個人都承載著他們的能力所無法滿足的諸多欲望。你只能滿足其中的很少一部分。只要仔細研究，分析你的生活習慣，你就會發現，有一些你曾經認為必不可少的開銷，其實恰恰可以免除或減少。把錢花在刀刃上，把你花錢的效率提高到100％。

將確實有必要的開銷選出來，然後從錢包裏取出十分之九的錢去支付。劃掉其他不必要的，因為一味地放縱欲望，只會助長你的貪婪，使你成為欲望的奴隸，終身與財富無緣。

第三：利用好每一分錢

裝滿金子的錢包令人滿足，但它也許造就的只是一個吝嗇鬼、守財奴，不會有別的意義。從自己的收入中設法存下了錢，只能算是個成功的開始。用這些儲蓄賺回來更多的錢，才是擁有財富的真正基礎。

阿卡德的第一筆獲利的投資，是借錢給阿格投資銅材，這次經歷使其智慧得以增長，資金不斷增加，其投資也在擴大——從最初的只借給一些人，到後來的借給許多人。讓每一分錢，都如同農田聚積作物一樣，反覆利用生出利息，為你帶來新的收入，只有如此，財富才會源源不斷地流入你的錢包。

第四：謹慎投資，避免損失

一旦擁有了金錢，人們就可能受到看似可行的投資機會的蠱惑。

在你借錢給別人之前，最好調查一下借錢的人是否有償債的能力，信譽如何。進行任何一項投資，你都要事先徹底了解一下那項投資是否要承擔風險、風險有多大。不要對自己的智商過於自信，你需要與經驗豐富的人多商量。通常來說，他們願意免費提供這類建議，實踐證明，這些建議真正的價值就在於能保你免受損失。

第五：擁有自己的房子

一個人只要真心渴望擁有自己的房子，就不可能達不成心願。那些經營貸款業務的錢莊，很高興你們向其借錢買自己的房屋和土地。假如你能擬就一個購屋計畫，提出一個相對合理的數目，你完全能借到錢，支付那些地產商。

房子落成，你付錢的對象由過去的房主，變成了現在的銀行。你每一次分期付款後，債務就少一些，幾年之後房產便會是你的了。

一個男人一旦擁有了自己的房子，便是得著了無邊的幸福。他的生活費用將大大降低，剩下來的錢可以用來享受更多的人生樂趣，並滿足他渴望實現的欲望。

第六：為未來生活做準備

一個人有很多方法可以確保未來的生活無憂無慮。有的人找一個隱祕的地方，偷偷把財寶埋藏在地裏。也可以買幾棟房產或幾處地產準備養老。假如選對了將來有可能升值的房地產，你將永久從中獲取利潤。你也可以把小額的錢存入銀行，並定期續存增加數額。長期的小額定期存款，會使你的未來有所保障。

第七：提高你的賺錢能力

想成為有錢人，首先要有賺錢的願望。這願望務必非常強烈而且明確。

在財富的累積過程中，不要嫌錢少，先從小數目開始，逐漸賺得多一些，總有一天能賺得更多。

阿卡德認為所有懂得自重的人，都應該做好這樣幾件事：盡可能地還清你欠下的債務，不買你的購買力達不到的物品；盡全力照料好你的家人，讓家人總是讚賞你，時常想到你，提起你；活著時就立好遺囑，以防備有一天萬一蒙神寵召，你的財產能按照你的意願得以適當的分配；關心那些頻頻遭受厄運，屢受打擊的人，盡可能適度幫助他們。這樣一來，你會躊躇滿志地為實現你的願望而奮鬥。

如果你想成為富人，便要研究富人，探尋他們之所以成為富人的原因，因此你需要放眼看天下的富人，去獲悉他們成功致富的祕密。當然在借鑒的過程中，一個阿卡德是遠遠不夠的，因為囿於環境和時間所限，對於借鑒者而言，單純的一個富人的理財習慣具有一定的局限性。因此，我們集結了眾多富人的理財寶典，以理論結合實例的方式詮釋理財的妙處，全面解析富人由窮到富或者由富到更富的祕密。

其實，富人的成功，你也可以複製！不信？不妨看看此書……

第2章　富人內外兼修　用智取勝／071

第3章 富人堅守一生的理財理念／113

第4章 富人祕而不宣的理財途徑／163

第5章 富人左右逢源的投資策略／207

第一章

富人天生就是財富的信徒

巴拉昂是一位年青的媒體大亨，以推銷裝飾肖像畫起家，在不到10年的時間裏迅速躋身於法國50大富豪之列，一九九八年，因前列腺癌在法國博比尼醫院去世。臨終前，他留下了一份特殊的遺囑，遺囑的大意是這樣的，他說他曾經是一位窮人，在去世時卻是一位富人了，他不想把成為富人的祕訣帶走，所以他將祕訣鎖在一個保險箱裏，如果誰能回答出他的問題：「窮人最缺的是什麼？」將會得到100萬法郎的獎金。

遺囑公佈後，《科西嘉人報》收到了大量的來信，答案異彩紛呈：金錢、機會、技能、關愛……然而，直到巴拉昂去世一年後，律師才打開了那個保險箱，在四萬多封來信中，只有一位小姑娘回答正確了，小姑娘的答案為——野心，即成為富人的野心。

9歲的小姑娘為什麼會與巴拉昂的想法一致呢？在採訪中，小姑娘回答說：「每次，我姐姐把她11歲的男朋友帶回家時，總是警告我說不要有野心！不要有野心——我想，也許野心可以讓人得到自己想得到的任何東西。」

是的，野心正是富人的基因，當他們具備生命的第一天，他們就已經皈依了財富，誓為財富最忠誠的信徒。

1・制定正確可行的目標

美國曾有一本暢銷書《成為百萬富翁的八個步驟》，作者查理斯・卡爾森在系統地訪問和調查了美國十位百萬富翁後，從他們的成功祕訣中，歸納出這部人人都可以實踐而獲得百萬財富的創富寶典。

卡爾森提出的百萬富翁的八個行動步驟，其中的第一步是馬上開始投資。如果沒錢投資，卡爾森建議即將收入中的10%～25%強迫用於投資。沒時間投資?立即減少看電視、逛商店的時間，把精力花在學習投資理財知識上。第二步則是制定目標。這個目標一定要正確可行，並全力以赴地去達到。

為自己確立一個目標，即對人生進行高瞻遠矚的設計，這正是一些人獲得大量財富的原因。幾年前，美國作家蓋爾・希伊在撰寫《開拓者們》這部書的時候，通過一份內容涵蓋廣泛的「人生歷程調查問卷」，總共訪問了六萬多位從事各種行業的人士。他發現那些最成功的和對自己生活最滿意的人至少有兩個共同的特點：

第一，他們有良好的人際關係；

第二，他們都致力於實現一個略高於其實際能力的目標。

根據希伊的研究，這些開拓者們覺得他們的生活很有意義，而且比那些沒有長遠目標驅使其向前的人更有前進的動力。

富人常會根據自身的基本條件，制定一個有一定難度但經過努力又能夠實現的目標。因為目標定得太低，就無法充分發揮個人的能力；目標定得太高，就無法實現，以致對自身的自信心造成重創。

美國漢堡大王前任總裁科柏先生在他的回憶錄中寫道，他事業的轉捩點，就是他決心要成為「速食店」老闆的一瞬間。那天他剛剛被提升為市場部的經理，並成為公司的主管之一。當他開著公司給他配的嶄新的車子回家時，他意識到：這次升遷其實對他個人所意欲達到的事業、地位沒有多大幫助。他的目標在於管理好整個公司，但他剛剛升任的職位卻不是公司業務的主流。

科柏所任職的公司是以經營速食速食為主。為此他放棄了別人非常羨慕的職位，義無反顧地去從事漢堡的專賣經營，從最低點開始，學習如何做大。一年以後，他被總部調回，當上了行銷部主任，沒多久，他以傑出的行銷才華出任常務副總經理的職位，成為總經理的唯一接班人。

一般來說，確立任何目標都需要考慮下列三大原則：

1．可量度性原則　如果財富的目標是：「我要擁有全世界」、「我要做李嘉誠」……

那麼你肯定很難實現自己的夢想，因為你的目標是那麼抽象、空泛。而這是極不現實的目標。最重要的是要具體、要可實現的，比如，你要從事哪方面的行業，要爭取幾年內達到什麼水準等等。此外，這個目標的成功率怎樣？如果沒有50％的成功機會，請暫時把目標降低，目標一定要有較高的成功率，當這一個目標達成後再確定更高的目標。

2．具體時間性原則　要完成這個目標，你要定下日期限制，在何時把它完成。你要制定完成過程中的每一個步驟，而完成每一個步驟都要定下期限。

3．具體方向性原則　也就是說，你要做什麼事，必須目標十分堅定，不可朝三暮四。如果你有一個只有一半機會完成的目標，等於有一半機會失敗。在前進過程中你必然會遇到無數的障礙和困難，使你偏離目標，所以你必須確實了解你的目標，必須預料你在完成目標過程中會遇到什麼困難，然後逐一把它詳細記錄下來，加以分析，評估風險，依重要性把它們排列出來，把它們解決。

2．不斷地朝目標前進

有了目標，但如果只是將目標抛向一邊，目標就永遠不可能成為現實；如果在實現目標的過程中遇到一點阻礙就放棄，也很難獲得成就感。美國成功學家麥斯威爾．莫茲認為人和自行車一樣，如果不持續朝目標前進，就會倒下來。

一個人若有充分的目標，就可以無所不能，一往無前。很多富人在尚未成為富人之前，總是慣於挑選出對自己極為重要的目標，努力做好每一件事，最終使自己夢想成真。

日本商界奇人井戶口健二從身無分文的打工仔，躋身億萬富翁行列之後，以現身說法的方式告訴那些渴望改變命運的人——發財的祕訣是什麼？就是要實現力所能及的目標。

「我一開始是在自己能完成的範圍內，試著做些小事情。通過做小事，經驗積累了，資訊增強了，日後才能做更大的事情。所以一開始，我選擇的項目都是短、平、快，並且費時不多、投資不大，牽扯精力也不太多。等到越做越大，我的社會關係、商業信用、實踐經營經驗逐步得到增長，就能做更大的事業。

「這樣，我的事業越來越發展。但即使制定了宏偉的目標，我也很注意實現，很注意它的階段性，將它分成若干層次。也就是說，我的每個大目標都包含著若干個小目標。這樣，從整體看是個只有下大功夫才能完成的宏偉工程，可是，從局部看，它就是一個由若干輕易完成的小工程組合而成的，只要分階段一個個地完成，那麼實現整體目標就順理成章了。一句話，制定了好的目標，就一定要有條不紊地去實現。

「我做推銷員第十年時，就擁有了自己的住房，但是這個目標並不能使我滿足。在我看來，還有許多不滿足的事情需要繼續做。這種不滿足的情緒，在某種意義上，變成了動力，督促我向更大的目標前進！

「我後來成立了圖書推銷公司，事業做大以後，又開了學校、餐館、書店；再後來，又搞起了房地產。我就是這樣，永遠不會覺得滿足，所以事業才能越來越興旺。如果問我工作為了什麼？我的回答很簡單，為了財富。這也許並不是高尚的動機，但你可以這樣認為：自己所做的事情是為了社會，是為了豐富他人的生活，並在實際中真的那樣去做了，這時你賺的錢，就是工作應該得到的動章。

「我們要努力工作，因為工作能帶來財富，它能利己利人，可以得到社會的認可。工作努力，當然錢也多。財富越多，受到社會認可、尊敬程度就越高！因此滿足感和成就感就會從工作中得來，對工作的熱情也就不斷高漲。不管什麼事情，只要你沒有達到全力以赴的程度，都不可能獲得成功！

「值得一提的是，當你遇到自己不擅長的事情時，也絕不能匆忙放棄，而應該充滿激情，一定要去實踐。

「記住，浪費掉的時間永遠奪不回來。趕快採取行動，向困難頑強抗爭，不要讓時間白白浪費掉。

「有許多人把貧窮歸結於沒有資本。其實，沒有錢，同樣可以獲得成功，並且沒有錢，恰恰是創富的動力。

「我作為推銷員而獲得成功的契機是報紙上的招聘廣告。看到這個廣告純屬偶然，不過，偶然中也含有機遇，因為當時我缺錢，急於找一份工作。

「我開始做圖書，過了一個時期後，我通過賣書賺的錢足夠坐享其成了，但是我感到賺錢太少了。所以，我開始考慮應該投資教育產業了。因為，投資這種產業可以賺比目前多10倍的收益。

「就是這樣，對錢的渴望始終高漲，不斷地給我帶來了機遇，使我始終能在開發新產業上領先一步，最終給我帶來了今天的成就。也就是說，在做某件事情的過程中，要不斷地考慮是否有比這種產業更賺錢的事情做。經常想的話，自然就會湧出好主意。那時，便可財如泉湧了。」

——所以說，如果想成為富人，首先便要有創富的動機。

有了正確目標，就要堅持到底，絕對不能朝三暮四。有人通過對一百位億萬富翁的性格加以分析後發現，大凡成功者都有這樣的個性：他們都能很快下決心，但要他們改變原來的主意卻非常困難。成功者的性格注定他們勇於堅持，他們總是能堅持到最後一秒鐘。他們之所以對新理念「馬上下決定」，是發現了新理念的價值，但他們不會輕易放棄自己正在從事的事業。

不過，成功的人在奮鬥的過程中，會時刻思考並驗證自己的目標是否正確。如果發現自己的目標是錯誤的，他們就會立刻改弦易轍——也就是改變目標，重新選擇新的方向。

據說，精明的猶太商人一旦決定在某項事業上投資，他會制定投資一個月、二個月和三個月後的三套計畫。兩個月後，如果情況仍與計畫不符，而又沒有發生奇蹟的可能，他就會毅然放棄這項事業，放棄對於這項事業的執著，重新開始。

3．將財富列為夢想的主角

美國旅館大王希爾頓認為，完成大事業的先導是夢想，成功或許有運氣的成分存在，但若沒有一份完美的宏偉藍圖，一切都是白費。

在人生的競技場上，沒有確立目標的人很難獲得成功。許多人並不乏信心、能力、智力，只是因為沒有確立目標或沒有選準目標，從此與成功失之交臂。

年輕人若想致富，首先要樹立致富的目標——在確立目標時，必須切合個人實際和環境，絕不要把自己的目標定得遙不可及；其次在確立目標後，絕不要半途而廢或隨意中止追求目標的進程。

英國的大衛·布朗生於一九〇四年，其父親經營一間小型齒輪製造廠，幾十年一直慘澹經營，僅可以賺取一點生活費。不過，布朗的父親可以算得上是一個頭腦清醒的人，總結自己沒有選好奮鬥目標的教訓，把希望寄託在兒子身上。為此，一方面，嚴格要求布朗勤於學習和讀書；另一方面，每逢假日就差布朗到自己的齒輪廠去參加勞動，與工人們一樣艱苦工作，絕無給予其特殊照顧。

布朗在家庭的教育下，在工廠裏磨練了較長時間，養成了艱苦奮鬥精神，熟悉了工業技術的知識，形成了自己的奮鬥目標。但布朗自己的奮鬥目標並不在齒輪廠，而是利用自己在齒輪廠業務積累的經驗，向賽車生產這個目標奮鬥。

他通過觀察，預感汽車大賽將會成為人們的一種流行娛樂。就這樣，他克服了重重困難，成立了大衛布朗公司，不惜重金投入，聘請專家和技術人員搞設計，採用先進技術設備進行生產。一九四八年在比利時舉辦的國際汽車大賽中，布朗生產的「馬丁」牌賽車一舉奪魁，大衛布朗公司因此一舉成名，訂單如雪片般飛來，布朗從此走上發跡之路。

富人之所以能致富，就在於他將眼光投放在正確的地方，進而選擇了合適的致富的途徑。奮鬥目標是一個人的動力核心，它能改變一個人的價值觀、信念、決策模式和行為方式，進而賦予行動的力量。

4．有致富夢想，更有致富行動

當年輕人制定自己的人生目標，並作出具體的規劃後，最重要的是將自己的目標和規劃付諸行動，否則一切都是妄談，所有的目標和行動就會像一朵不結果實的花朵一樣，華而不實，毫無用處。

所以，如果你想成為富人，需要從今天開始就採取行動，而不是拖到明天或者更晚的時間。作家瑪麗亞・埃奇沃斯對這個問題的理解頗有見地。她在自己的作品中寫道：「如果不趁著這股新鮮勁兒，今天就執行自己的想法，那麼，明天也不可能有機會將它們付諸實踐；它們或者在你的忙忙碌碌中消散、消失和消亡，或者陷入和迷失在好逸惡勞的泥沼之中。」

電子遊戲之父諾蘭・布歇爾被問及企業家的成功之道時，這樣回答：「關鍵便在於拋開自己的懶惰，去做點什麼。就這麼簡單。很多人都有很好的想法，但是只有很少的人會即刻著手付諸實踐。不是明天，不是下星期，就在今天。真正的企業家是一位行動者，而不是什麼空想家。」

馬克・吐溫曾經講過一個明天才行動的人的故事：

有一次，某地發生大洪水，一個人家裏進了水。就在水馬上就要淹過他家的門檻時，一位好心的鄰居表示，他可以開車帶這個人去一個安全的地方。但是，這個友好的提議遭到了此人的斷然拒絕，理由是上帝絕不會袖手旁觀。隨著水面不斷升高，他不得不爬到了屋頂上。這時，一條小船駛過並表示可以把受難的老兄帶到安全的地方。提議再次遭到了斷然拒絕，理由仍然還是對上帝的信念。水面還在不斷升高，已經淹過了屋頂，眼看這位老兄就要一命嗚呼。就在此時，一架直升機飛過，並拋下了一根繩子來營救幾乎已淹在水中的老兄。但是，他又一次斷然地拒絕了，理由同樣是對於上帝的忠誠信念。

就在死亡即將來臨之際，這位老兄絕望地抬起頭，對著上天呼喊道：「上帝呀，我如此忠誠地相信你會來拯救我。可是，你為什麼沒有呢？」突然，一個來自天堂的聲音說道：「你究竟想讓我怎麼做？我派去了一輛卡車、一條船、甚至最後還追加了一架直升機哩！」

有一句名言是：失敗是成功之母。我們不妨將範圍再擴大一些：行動是成功之母。因為失敗也應當包括在行動的範圍之內，只不過是失敗了的行動。實際行動是實現一切改變的必要前提。我們往往說得太多，思考得太多，夢想得太多，希望得太多，我們甚至計畫著某種非凡的事業，最終卻以沒有任何實際行動而告終。如果我們希望取得某種現實而有目的的改變，那麼，便必須採取某種現實而有目的的行動。這對於我們是否能夠主宰自己的生活至關重要。

羅伯特曾經說過：「積極的人生構築於我們所做的一點一滴之上——而不是那些我們不

曾接觸的事情。永遠不要忘記，構築人生唯一的原材料便是積極的行動。」

一九六八年，在投資美國運通公司過後沒幾年，巴菲特成為依阿華州格林內爾市的格林內爾學院理事，那時該學院流動的捐贈基金大約有一千二百萬美元。不久，巴菲特就向該學院提出了幾條很好的投資建議。第一條：儘快行動起來；第二條：如果其他什麼人擁有你想要的東西，那麼就買他們公司的一部分股票。

如果沒有實際行動，就不會成就今天的巴菲特、比爾・蓋茲、李嘉誠，行動在人們之間區分了窮人和富人。艾德・佛曼曾經在一次演講中對那些不願採取實際行動的空想家進行了細緻刻畫——

總有一天我會長大，我會從學校畢業並參加工作，那時，我將開始按照自己的方式生活，總有一天，在償清所有貸款之後，我的財務狀況會走上正軌，孩子們也會長大，那時，我將開著新車，開始令人激動的全球旅行。總有一天我將買輛漂亮的汽車開回家，並開始周遊世界，去看一看所有該看的東西。總有一天……

這些可悲的人最終生活在自己的幻想中，並在實際生活中扮演著窮人的角色。如果說有什麼辦法可以改變這種窘況，那就是毫不遲疑地行動！

一個叫莉蓮・卡茲的美國婦女十分清楚這一點。在她還沒有成為富人之前，就認識到，財富不會無緣無故地從天而降，只有採取行動才能捕捉到財富。

卡茲利用結婚時親朋好友送的賀禮中攢下的二千美元，在一本流行雜誌上刊登了一則小廣告，開始走上了推銷自己個性化的漢堡和減肥食品的道路。一年後，訂單源源不斷，莉蓮・卡茲的業務不斷壯大，已經從當年的目錄郵購公司，發展成為現在的LVC國際集團，年銷售額高達數億美元，每週需要處理的訂單超過三萬份。有上千名員工與莉蓮・卡茲為了公司的美好前景而努力。莉蓮・卡茲的成功正是因為她沒有守株待兔，而是以有目的的實際行動去實現自己想要的一切。

不管今天還是明天，對於那些還沉浸在幻想中而不願面對現實的窮人而言，如何成為一個富人依舊是一個問題。但是，如果你想成為富人，並已經打算為此而奮力前進的話，則有一個明確的告誡——你必須從今天，從現在開始就採取行動，去制定目標和計畫，並努力去實現你的人生目標！

5．每天對自己說：「我要賺大錢！」

一位旅行者穿行在荒無人煙的沙漠中，突如其來的一場風暴使其迷失了前進的方向。形勢更為惡劣的是，旅行者僅有的背包也被風暴捲走了，裏面裝著水和食物。旅行者翻遍身上所有的口袋，找到了一個青青的蘋果。

「啊，我還有一個蘋果！」旅行者驚喜地叫著。

他緊握著那個蘋果，獨自在沙漠中尋找出路。每當乾渴、饑餓、疲乏襲來的時候，他都要看一看手中的蘋果，抿一抿乾裂的嘴唇，陡然又會增添不少力量。

一天過去了，兩天過去了。第三天，旅行者終於走出了沙漠。那個他始終未曾咬過一口的青蘋果，已乾巴得不成樣子，他卻寶貝似地一直緊攥在手裏。

在深深讚歎旅行者之餘，人們不禁感到驚訝：一個表面上看起來微不足道的青蘋果，竟然會有如此不可思議的神奇力量！其實不是蘋果有這麼大的力量，而是因為蘋果給了這個人以信念的力量，正是這種力量才能幫助他走出沙漠，使他獲得新生。

約瑟夫・墨菲告訴我們：「想得到財富，先必將財富的觀念送入潛意識，不論何時何地，心中先相信你會有很多財富。」他總結自己致富的經驗，其中重要的一點就是身心輕鬆時，每天對自己說幾遍下面的話：「我非常喜歡錢，我愛錢，我高興地用這些錢。同時，希望它能增加幾倍再回到我的包裏。錢實在是好東西，它會向我錢包裏源源不斷地流進。我一定將它用在適當的地方，我為了我自己的利益和財富而感謝你——金錢。」

他認為，如果你堅信上面這段話，並且不斷地強化這一觀念，同時誠實努力地投入工作，潛意識中的欲望就能獲得成功。

在這裏我們不是要向大家推崇拜金主義，而是要傳達一種積極向上的觀念，那就是要培養強烈的致富欲望。雖然渴望財富不一定馬上就能得到財富，但是時刻存著這種念頭，你就會發現許多賺錢的門路；時刻想著致富，你就會找到許多機會。在複雜變幻的現代社會裏，許多獲取財富機會的把握，往往取決於自己的靈感。渴望的理念使你的眼光更具洞察力。

思想能夠促進行動，動機能夠激發靈感。要是時刻思考和強烈渴望致富，你就會調動自己的一切能量去追求致富，使自己的一切理念、行動、個性、才能與致富的欲望相吻合；對於一些與致富的欲望相衝突、相矛盾的東西，你就會努力去克服、去消除；對於有助於致富的東西，你就會竭盡全力去尋找。

這樣，經過長期的努力，你便會成為一個你所渴望的致富者，使致富的欲望更快地變成現實；相反，若是你致富的欲望不強烈，一遇到少許挫折，便退避三舍，將致富的欲望淡化或壓抑下去，那肯定一事無成。

時時暗示自己「我有賺大錢的潛力」、「我有很好的財運」等，這麼一來，你就能發揮最大的潛力——成為你所嚮往的富人。

6．年少時便謀劃創富事業

越早開始行動，就能越早實現致富目標，從而使自己越早享受到致富的成果。很多富人

在年少時便開始投資，結果在實踐中逐漸積累創富的經驗，從而相對同齡人較早成為人群中的佼佼者。

邁克爾・戴爾是美國第四大個人電腦生產商，也是《財富》雜誌所列599家大公司的首腦中最年輕的一個。他年紀輕輕便加入富豪一族，不是因為繼承了巨額遺產，也不是因為中了樂透，而是很早就開始投資理財的結果。

戴爾在自己十多歲的時候便開始了創富生涯：在集郵雜誌上刊登廣告，出售郵票。後來，他用賺來的二千美元買了他的第一台個人電腦。

戴爾讀高中時，找到了一份為報紙徵求新訂戶的工作。他推想新婚的人最有可能成為客戶，於是雇請朋友為他抄錄新近結婚的人的姓名和地址。他將這些資料存入電腦，然後向每對新婚夫妻發出一封有私人簽名的信，允諾免費贈送報紙2星期。結果這次他賺了1.8萬元，買了一輛德國寶馬牌汽車。

18歲那年，戴爾進入德克薩斯大學。像大多數大學生一樣，他需要自己想辦法賺零用錢。那時候，個人電腦成為人們關注的焦點，很多人都想擁有一台，但是因為電腦售價太高，大多數人都買不起。一般人所想要的，是能滿足他們的需要而售價低廉的電腦，但當時市面上沒有這樣的產品。戴爾心想：「經銷商的經營成本並不高，為什麼要讓他們賺那麼豐厚的利潤？如果由製造商直接賣給用戶那不是便宜很多嗎？」

戴爾知道，萬國商用電器公司規定，經銷商每月必須提取一定數額的個人電腦，而多數經銷商都無法把電腦全部賣掉。他也知道，如果存貨積壓太多，經銷商便會遭受較大的損失。於是，他按成本價購得經銷商的存貨，然後自己在宿舍加裝配件，改進性能。

這些經過改良的電腦十分受歡迎。戴爾見到市場的需求巨大，於是在當地刊登廣告，以零售價的八五折賣出他那些改裝過的電腦。不久，許多商業機構、醫生診所和律師事務所都成了他的客戶。

有一次戴爾放假回家時，他的父母表示擔心他的學業。他父母希望他完成學業後再創業。戴爾有自己的主張，他認為待到畢業再創業便為時已晚，所以他違背了父母的意志，因為他實在不想放棄一個一生難遇的機會。

戴爾繼續自己的電腦售賣事業，每月可以賺5萬美元。他坦白地告訴父母：「我決定退學，自己開辦公司。」他的目標是和萬國商用機器公司競爭。他父母覺得他太好高騖遠了。但無論他們怎樣勸說，戴爾始終堅持自己的決定。終於，他們達成了協定：他可以在暑假試辦一家電腦公司，如果辦得不成功，九月份就要回學校去讀書。

戴爾拿出全部儲蓄創辦了戴爾電腦公司，當時他19歲。他租了一間房作為辦事處，雇傭了唯一的一名職員——一名28歲的經理，負責處理財務和行政工作。戴爾的主要業務便是直銷經過他改裝的萬國商用機器公司個人電腦。

戴爾創辦公司的第一個月，營業額達到了18萬美元，第二個月達到了26.5萬美元。不到一年的時間，電腦銷售量便達到了一千台。在戴爾本應大學畢業的時候，他的公司每年銷售額已達到七千萬美元。

目前，戴爾電腦公司在全球16個國家設有附屬公司，每年收入超過20億美元，雇員達到五千五百名。戴爾個人的資產，估計在2.5億～3億美元之間。假如戴爾不從早創業，顯然他是不可能年紀輕輕就躋身於億萬富翁行列的。

一九九一年，哈拉里和拉比這對戀人在安大略大學讀繪畫藝術，並沉浸在招貼畫的藝術靈感之中。有一天，拉比突發想像，這麼精美的藝術作品，何不將畫拿出去賣錢？兩人一拍即合。沒想到一張招貼畫竟賣了5美元！

5美元不多，但意義非同小可。從賣出第一幅校園招貼畫開始，他們就確信，未來的唯一選擇就是做一個創業者了，因為他們從交易中找到了成功的感覺，發現了自己除具有技術能力外，還具有非凡的商業能力！而這些是一個創業者必備的素質，尤其是商業能力更是創業者必備的第一素質。

一九九四年，哈拉里和拉比畢業後，用賣招貼畫所掙得的一萬美元投資製造了一種叫地球夥伴的玻璃頭飾，一個月的銷售額就達100萬美元。後來，他們認識了學國際商貿的瓦拉迪。瓦拉迪的加盟又使他們如虎添翼，在技術上不斷創新，在業務上不斷拓展，生意十分紅火。繼地球夥伴的成功之後，他們設計的另外兩種產品——魔棍橡膠水玩具也大受歡迎，而一九九八年生產的空壓動力玩具飛機更是風靡歐美。

後來，有很多買家提出收購這家公司，但三個年輕人不為所動。他們認為，自己有能力將公司做得更好，技術能力和商業管道都很成熟，管理也有條不紊。

關於成功的經驗，拉比說：年輕時思維敏捷，而且又有商業潛質，那麼你成功的機率就是雙倍的。

7．信念的魔力

有位名人說過這麼一段話：你認為自己被打倒，那你就是被打倒了；你認為自己屹立不倒，那你就屹立不倒；你想勝利，又認為自己不能，那你就不會勝利；你認為你會失敗，你就會失敗。成功的獲得往往源於個人求勝的意志與信心，強烈的信念可以使一個零起點的人攀向人生的頂點，看完吳士宏的奮鬥故事，你就會對這一成功法則深信不疑。

吳士宏最初只是一個「毫無生氣甚至過不了溫飽的職業護士」，後來她的頭銜是ＩＢＭ華南區的總經理、微軟中國總經理、ＴＣＬ集團常務董事及副總裁，這一系列人生轉折的發生，便在於其秉承的奮鬥不息的信念。

吳士宏生於二十世紀60年代，曾是北京椿樹醫院護士。用吳士宏自己的話說，年輕時她除了自卑地活著，一無所有。她自學高考英語專科，當她還差一年畢業時，她看到報紙上ＩＢＭ公司的招聘啟事，於是她通過外企服務公司準備應聘該公司。在此前外企服務公司向ＩＢＭ推薦過好多人都沒有被聘用，吳士宏雖然沒有高學歷，也沒有外企工作的經驗，但他有一個信念，那就是「絕不允許別人把我攔在任何門外」。

面試非常嚴格。兩輪的面試和一次口試，吳士宏都順利地過關。最後主考官問她會不會打字，她條件反射地說：「會！」

「那麼你一分鐘能打多少？」

「您的要求是多少？」

主考官說了一個標準，吳士宏馬上承諾說可以。因為她環視四周，發現考場裏沒有一台打字機，果然，主考官說下次錄取時再加試打字。

實際上吳士宏從未用過打字機。面試結束，吳士宏飛也似地跑回去，向親友借了170元買了一台打字機，夜以繼日地練了一個星期，雙手累得連吃飯也拿不住筷子，吳士宏竟奇蹟般地練就了專業打字員的水準，以後好幾個月她才還清了這筆對她來說不小的債務，而ＩＢＭ公司卻一直沒有考她的打字功夫。

吳士宏就這樣成了這家世界著名企業的一個最普通的員工。

在ＩＢＭ最初的工作中，吳士宏扮演的是一個微不足道的角色，沏茶倒水，打掃，完全是體力勞動，她曾感到非常自卑。吳士宏僅僅為身處這個安全而又溫飽的環境而感寬慰。

然而接著發生的幾件事情打擊了她。有一次吳士宏推著平板車買辦公用品回來，被門衛攔在大樓門口，要檢查她的公司識別證。吳士宏沒有證件，於是僵持在大樓門口，進進出出的人們投來的都是異樣的眼光，她的內心充滿了恥辱感，但卻無處發洩，吳士宏暗暗發誓：「這種日子不會長久的，絕不允許別人把我攔在任何門外。」

還有一件事重創了吳士宏的自尊心，有個香港女職員，資格很老，她動輒驅使別人替她做事，吳士宏自然成了她驅使的對象。

有一天，香港女職員滿臉陰雲，向吳士宏走過來：「Juliet（吳士宏的英文名），如果你想喝咖啡請告訴我！」吳士宏驚詫之餘一頭霧水，不知所云，香港同事接著劈臉喊道：「如果你要喝我的咖啡，麻煩你每次把蓋子蓋好！」吳士宏這才明白，她把吳士宏當作經常偷喝她咖啡的人，這種受辱的經歷徹底激發了吳士宏奮鬥的決心。事後吳士宏對自己說：有朝一日，我要有能力去管理公司裏的任何人，無論是外國人還是香港人。

自卑可以毀滅一個人，也可以轉化為昇華一個人的強大動力。吳士宏迫切地想要改變現狀，從而讓自己從最低處掙扎出來。她每天比別人多花6個小時用於工作和學習，於是，在同一批聘用者中，吳士宏第一個做了業務代表。

接著，艱苦的付出又使她第一批成為本土的經理，然後又成為第一批去美國本部做戰略研究的人。最後，吳士宏又第一個成為IBM華南區的總經理。在她升遷的過程中，信念充當了重要的角色。

一九九八年2月18日，吳士宏坐上了微軟（中國）有限公司總經理的座位，全權負責包括香港在內的微軟中國區業務。據說為爭取她加盟微軟，國際獵頭公司和微軟公司做了長達半年之久的努力。吳士宏在微軟僅僅用七個月的時間就完成了全年銷售額的130％。

在當前十分熱門的中國資訊產業界，吳士宏創下了幾項第一：她是第一個成為跨國資訊產業公司中國區總經理的內地人；她是唯一一個在如此高位上的女性；她是唯一一個只有初中文憑和成人高考英語大專文憑的總經理。在中國經理人中，吳士宏被尊為「打工皇后」。

一九九九年6月，吳士宏辭去微軟的職務。同年10月11日，她宣布加盟大型國有企業TCL集團。

吳士宏在新聞發布會上說，選擇TCL是經過慎重考慮的，長期以來的願望就是，將國外優秀企業引入中國或將中國優秀企業推向國外。她立志要把TCL這個本土品牌推廣到國際市場。

人的能力在一般情況下，只發揮了很少一部分，而在信念的支援下，有可能全部發揮出來，但不是每個人都能意識到，自己的能力簡直就是一個處於潛伏期的活火山，一旦有足夠的信念誘使其噴發，必將產生巨大的能力。

8．與困境鬥，並成為贏者

美國創富學大師拿破崙・希爾曾說，致富的祕訣是讓自己的心靈充滿積極的思想。蒙利根便是希爾這種理論的實踐者。蒙利根意欲投資薄餅的生意，但幾乎每一個人都告訴他：「你完全缺乏這方面的知識，你不可能做成薄餅的生意。」但蒙利根對這些議論不以為然，他積極地規劃著自己未來生意的圖景。終於他排除萬難，於一九六二年在密歇根州開設第一間「多棉勞」薄餅店。30年後，他在全球擁有五千多家分店，成為「薄餅大王」。

富人之所以能夠衝破重重險境變身為他們意欲想成為的人，便在於他們永遠保持積極的思想，正是這樣一種永遠向上的進取心，使他們排除萬難邁向成功。

進取心是一個人成功的關鍵因素之一。拿破崙・希爾研究了美國最成功的500個人的生平，還結識了這些人當中的許多人。他發現這些人的成功故事中都有一個不可缺少的元素，那就是強烈的進取心。這些人即使屢遭失敗但仍舊鬥志昂揚，信心不滅。在他看來，只有能克服不可思議的障礙及巨大的失望的人才能獲得巨大的成功。他的話跟美國發明家布卡・華盛頓的話相似：「我明白了，成功的大小不是由這個人達到的人生高度衡量的，而是由他在成功路上克服的障礙的數目來衡量的。」

世界巨豪福勒就是一個令人嘆服的典範。

福勒最初的狀況很窮，他的母親生了他們7個孩子，為了生計，他5歲參加勞動，9歲之前就像大人一樣以趕騾子為生。但有一天，他母親的一番話改變了他整個的人生：「福勒，我們不應該這麼窮。我不願意聽到你們說：我們的窮是上帝的意願。我們的貧窮不是由於上帝的緣故，而是因為你們的父親從來就沒有產生過致富的念頭。不僅是你們的父親，我們家庭裏任何人都沒有產生過出人頭地的想法。」

「念頭！」這個詞沉重地擊打著福勒的心房。

福勒開始思考致富。他讓關於走向富有的念頭佔據了全部心思，而把雜念統統拋到腦後。他選擇了肥皂業。於是，他像我們現在很多可憐的推銷員那樣，挨家挨戶地推銷肥皂。12年之後，他終於有了2.5萬美元。正好，福勒獲悉供應他肥皂的那家公司要拍賣出售，售價是15萬美元。福勒興奮極了，由於興奮他竟然忘記了自己只有2.5萬美元。他與這家公司達成協定，先交2.5萬美元作為保證金，然後在10天之內付清餘款，否則，那筆保證金——也就是他的全部財產——將不予退還。福勒興奮地只說了一句：「ＯＫ！」

這時，福勒其實已經把自己逼上絕路，但他感到的不是絕望，而是成功的興奮。是什麼使他如此冒險，就是那個致富的念頭，就是他那對人生的積極心態。福勒開始籌錢，由於做了12年的推銷員，他在社會上建立起很好的人緣。朋友們借給他11.5萬美元，只差1萬美元了。但是，這時已經是規定的第10天的前夜，而且是深夜，所以那1萬美元就不是個小問題。福勒發愁了。但是，致富的念頭，他對人生的積極心態，使他沒有失望。他在深夜再次走上街頭。

成功之後福勒說：「當時，我已用盡我所知道的一切資金來源。那時已是沉沉深夜，我在幽暗的房間中跪下祈禱，祈求上帝引導我見到一個能及時借給我1萬美元的人。我驅車走遍61號大街，直到我在一幢商業大樓看到第一道燈光。」

這便是福勒最著名的「尋找燈光」的故事。

這時已是深夜11點。福勒走進那幢商業樓，在昏黃的燈光裏看到一個由於工作而疲乏不堪的先生。為了順利發行那份購買肥皂公司的協議，福勒忘記了一切，心中只有勇氣和智慧。他不假思索地說：

「先生，你想賺到一千美元嗎？」

「當然想嘍……」那位先生因為這個好運氣的突如其來而有點驚惶失措。

「那麼，請你給我開一張一萬美元的支票，等我歸還您的借款時，我將另付你一千美元的利息。」

福勒於是講述了他面臨的困境，並把有關的資料讓那位先生看。福勒拿到了一萬美元。

由此開始，福勒邁進了世界巨富的行列。

通過解讀福勒的故事，不難得出這樣一個結論：不為困難折服的積極心態，正是富人邁上成功之路的開始。

9．用勤奮鋪就財富之路

出入高級會所、在高爾夫球場漫步揮杆、只需要招聘幾名管理人員便可以掙得盆滿缽滿、不需要朝九晚五定時地出現在辦公室……這是很多人對富人的印象，他們一面抱怨自己淪為可悲的窮忙族，另一面又對富人的「不用勤奮」羨慕嫉妒恨……

然而，事實上，你只是看到了「賊吃肉」，卻沒有看到「賊挨打」，對於大多數富人而言，他們的財富之路便是用勤奮鋪就而成的。

一個人想要有錢，躺在床上空想是得不到的。人們總是羨慕那些成功人士為什麼那麼有錢，但是很少有人能夠看到他們輝煌的背後付出了怎樣的辛勞。當你已經進入夢鄉的時候，他們在幹什麼？當你忙著出去娛樂玩耍的時候，他們又在幹什麼呢？不要埋怨自己命不好，沒有錢很大的一個原因就是因為你沒有真正地勤勞起來，沒有讓你的大腦在理財投資上為你工作。

任何財富的積累都是從辛勤工作開始的，沒有辛勤的勞動怎麼淘得到走向成功的第一桶金呢？開始進行積累的時候，你越勤勞付出，就能越快地得到積累，就會在更短的時間內完成資本的積累，以更快的速度成為可以自由支配財富的人。

幸運只偏愛那些辛勤工作的人，古往今來，成大事者，無不辛苦勤奮，付出巨大的代價。不過，財富的到來豈能如此容易？不然的話，財富哪能有如此巨大魅力，讓無數人為之奮鬥一生？

台灣經營之神王永慶先生常說：「要常常警惕自己，稍一鬆懈就導致衰退，經常要有富不過三代的警覺。」

「一勤天下無難事。」王永慶的這句話貫穿了他整個奮鬥的人生。

二〇〇六年，當這位90多歲的老人終於對工作感到力不從心，想將接力棒傳遞到下一個人手中的時候，很多人都為他的歸隱感到惋惜，一個時代又落下了帷幕，「王永慶」這個名字象徵著傳奇和無數的勤奮故事。

〔編按・王永慶在二〇〇八年10月15日上午於美國過世，享年92歲〕

由於事業上的傑出成就，因此每當人們談到「王永慶」三個字時，腦海中浮現的是企業鉅子的傳奇形象，聯想到的首先是「財富」與「企業經營管理」之間的問題。人們把焦點集中在他的「致富」和「成功之道」上，「王永慶」三個字，似乎除了名詞之外，也是形容詞，和白手起家、勤奮堅毅、合理化經營管理結下了不解之緣。

王永慶每天晚上10點睡覺，2點半起床辦公，每週工作100多小時。無數個相似的寂靜深夜裏，當人們都已在熟睡當中的時候，卻是他思考最迅捷的時候，無數的優秀方案在此時誕生。成功了的他都能保持如此勤奮，渴望成為富人的你，還不應該奮起直追嗎？

很多的時候究竟是窮人、還是富人？並不取決於你的先天條件多好，智商多高，而是取決於你後天的努力和勤奮程度。只有勤懇地付出努力，才能實現自己積累財富的夢想。

我們一再強調要辛勤工作，才能獲得更多，但是很多人對辛勤工作不屑一顧，他們認為不是只埋頭苦幹就能賺到錢。是的，只埋頭苦幹的確不能賺到很多錢，這樣的說法也沒錯，但是他們理解錯了，辛勤工作不是一味埋頭苦幹，辛勤工作是需要智慧與埋頭苦幹共同發揮作用的。

辛勤工作是一種對待工作的態度，它能夠給你帶來別人的尊重，得到上級的重用，是你積累財富必不可少的一種品質，沒有端正的工作態度怎麼能將自己的工作做好呢？又怎麼能做一個理財高手呢？辛勤工作能給你帶來好運，即使身為奴隸，因為任何一個主人都不會將辛勤為他幹活的奴隸打死，他們也會喜歡勤奮努力的人，並且善待他們。

不要做眼高手低的人了，不要一心想著一下子發一筆大財，每一個實現了財富積累的人，都是從小事業做起的，沒有人一開始就能成為財富的支配者。試想，一個剛剛大學畢業的人，想要理財投資，是不是要先賺錢呢？如果不賺錢他怎麼得到投資的本金？一開始要賺到錢，就必須要辛勤工作。

無論你是高層人士，還是普通員工，只要你辛勤工作，會動腦子，一定可以有所作為。當你賺到越來越多的錢的時候，你就有更多的資本來進行理財投資了。

凡事要從小事做起，勿以善小而不為。當你知道有什麼小事需要你馬上去做時，就應立刻去做，一分鐘也不要耽誤。如果你心裏有什麼聲音告訴你一堆理由妨礙你去完成這件事，不要理會它們，立刻去做該做的事。

大事化小。當你已經可以克服小的阻礙完成工作後，只要學會把分量更重的工作劃分成很多小的部分，一部分一部分完成，大的困難也就不在話下了。不過，要確認這些小的部分的確有意義，而不是找藉口拖延時間。

不要計畫太多，馬上動手做。不要花太多時間整理和規劃，只著眼於整體，會讓你看到做這件事多難多辛苦，你應該找出可以付諸行動的小的突破點，馬上開始行動。沒有什麼大事是一蹴而就的，將一個一個小困難一一攻破，就能獲得最後的勝利。你的任務就是找到下一步能馬上開始做的事情。

不要害怕浪費時間。另一個讓很多人束手不前的原因是害怕浪費時間，好像沒有把什麼事情都安排好就沒法開始行動。其實，只要開始做就不可能是完全的浪費，哪怕失敗也是有價值的，從失敗中你可以獲得很多經驗。最重要的是，在嘗試中，你除了獲得失敗，還能獲得成功。

10．勞於心，遠非勞於身

勤奮是大多數富人的不二法則，但是，如果你僅僅只知道埋頭拉磨，不懂得抬頭思考，顯然是不夠的。

很多成功致富的人，他們對成功要素的理解與普通人是不同的。他們認為，企業家不需要依靠個人的勤奮來爭取企業的成功，其成功的關鍵在於他們是否有能力讓其下屬更加勤奮。所以，他們的心思主要是放在如何將手上的資源最充分地加以利用，而不是對自己最充分地加以利用上。

一位下屬在喝醉的時候曾經這樣自嘲地對老闆說：「講到勤奮，你不如我；論成功，我根本不敢和你比！這是為什麼呢？」老闆聽了，一臉愕然，然後說道：「為什麼你們會以為我應該比你們更加勤奮呢？為什麼我非要比你們勤奮才能賺錢呢？我從來沒有想過自己的錢是靠勤奮賺來的。儘管我也曾經勤奮過，那已經是很多年以前的事了。那時候，我替自己的老闆工作。在那個年代，我比你們要勤奮、刻苦得多，卻沒有你們現在所掙的多。在這個社會，大部分的人都勤奮，但不是大部分的人都能夠發財！靠勤奮發不了財！」

下屬詫異地問道：「發財不是靠勤奮，那靠什麼呢？」

老闆調侃著說：「既然大家都那麼勤奮，難道缺我一個，地球就不轉了嗎？我的長處，是提供讓別人有機會勤奮的工作職位，而不是我要比他們更加勤奮！」

我們有理由相信，勤奮只是成功的其中一個原因，甚至只是人的一種品德，卻肯定不是成功致富的人取得成功的條件。

人類智慧的進步，讓我們有可能既過得舒適，同時又能夠享受富足的生活，不再依靠沉重的勞動強度，這要歸功於建立在這種智慧基礎上的技術和效率。現實早已經證明了這個真理——我們並不比自己的祖先勤勞得多，但我們現在的生活水準卻是他們遠遠不能相比的！這要歸功於什麼呢？顯然，勤勞並不是唯一的原因，經營這種有別於一般性勞動的行為，為我們解開了其中的疑問，它也是我們要為經營歌功頌德的理由。

還是那句老話：與其沒沒無聞地埋頭苦幹，不如多動些腦子！

美國一所著名學院的院長，繼承了一大塊貧瘠的土地。這塊土地，沒有具有商業價值的木材，沒有礦產或其他貴重的附屬物，因此，這塊土地不但不能為他帶來任何收入，反而成為支出的一項來源——他必須支付土地稅。

州政府建造了一條公路從這塊土地上經過。一位「未受教育」的人剛好開車經過，看到了這塊貧瘠的土地正好位於一處山頂，可以觀賞四周連綿幾公里長的美麗景色。他同時還注意到，這塊土地上長滿了一層小松樹及其他樹苗。他以每畝10美元的價格，買下這塊50畝的荒地。在靠近公路的地方，他蓋建了一間獨特的木造房屋，並附設一間很大的餐廳，在房子附近又建了一處加油站。他又在公路沿線建造了十幾間單人木頭房屋，以每人每晚3美元的價格出租給遊客。餐廳、加油站及木頭房屋，使他在第一年淨賺15萬美元。

第二年，他又大事擴張，增建了另外50棟木屋，每一棟木屋有三間房間。他現在把這些房子出租給附近城市的居民們，作為避暑別墅，租金為每季150美元。

而這些木屋的建築材料根本不必花他一毛錢，因為這些木材就長在他的土地上。還有，這些木屋獨特的外表正好成為他的擴建計畫的最佳廣告。一般人如果用如此原始的材料建造房屋，很可能被認為是瘋子。

故事還沒有結束，在距離這些木屋不到5公里處，這個人又買下占地150畝的一處古老而荒廢的農場，每畝價格25美元，而賣主則相信這個價格是最高的了。

這個人馬上建造了一座100米長的水壩，把一條小溪的流水引進一個占地15畝的湖泊，在湖中放養許多魚，然後把這個農場以建房的價格出售給那些想在湖邊避暑的人。這樣簡單地一轉手，他一共賺進了2.5萬美元——不過只花了一個夏季的時間。

正是這個有遠見及想像力的人，卻未受過正規的「教育」。

且讓我們牢記富人的這項啟示錄——只要能開拓性運用各種知識，立即可以擁有財富及權勢。

11．注重思考的價值

有位年輕人在岸邊釣魚，鄰旁坐著一位老人也在釣魚。兩人坐得很近。奇怪的是，老人家不停有魚上鉤，而年輕人一整天都沒有收穫。他終於沉不住氣，問老人：「我們兩人的釣餌相同，地方一樣，為何你輕易釣到魚，我卻一無所獲？」

老人從容答道：「我釣魚的時候，就知道有我，不知道有魚；我不但手不動，眼不眨，連心也似乎靜得沒有跳動，令魚也不知道我的存在，所以，牠們咬我的魚餌；而你心裏只想著魚吃你的魚餌沒有，心有急躁，情緒不斷變化，心情煩亂不安，魚不讓你嚇走才怪，你又怎麼會釣到魚呢？」

有一句話：「心態決定命運。」同樣，心態也決定你追求財富的成功與否。

只有對財富的渴望和狂熱是沒有用的，要用平和的心態去了解它，善用它，而後才能擁有它；否則，就像故事中的年輕人一樣，心有急躁，情緒不斷變化，結果只能把魚嚇走。

追求財富，必須先了解自己的短處和長處，找到適合自己的方法去努力，這樣才有把握。如果只羨慕別人的成就而不去了解其成功背後的故事，這樣，你一開始就輸了一半；此時若不知檢討，只懂嫉妒和自怨自艾，那樣，財富只能離你遠去了。這樣丟掉財富是最不應該的，因為你並不是輸於天資或技術或努力，僅僅一個心態就會導致天壤之別。所以，千萬別讓財富在你心亂時溜走，要以積極的心態抓住它。

走捷徑的人一定知道自己的目的地。他必須走出去，不論中途遇到何種障礙，都必須繼續下去，否則永遠到達不了目的地。致富的捷徑只有簡單的一句話：「用積極的態度去追求財富。」

當你確實以積極的態度思考，自然會有所行動，達成你所有正當的目標。

喬治・哈姆雷特曾在伊斯諾州的退伍軍人醫院療養，他的時間很多，但是除了讀書和思考之外，能做的事情並不多。他懂得思考的價值，他對自己充滿信心。

喬治知道很多洗衣店，在燙好的襯衣領加上一張硬紙板，防止變形。他寫了幾封信向廠商洽詢，得知這種硬紙板的價格是每千張美金4元。他的構想是，在硬紙板上加印廣告，再以每千張美金1元的低價賣給洗衣店，從中賺取廣告的利潤。

喬治出院後，立刻著手進行，並持續每天研究、思考、規劃這一構想。

廣告推出後，喬治發現客戶取回乾淨的襯衫後，衣領的紙板丟棄不用。

他問自己：「如何讓客戶保留這些紙板和上面的廣告？」答案閃過他的腦際。他在紙卡的正面印上彩色或黑白的廣告，背面則加進一些新的東西——孩子的著色遊戲、主婦的美味食譜或全家一起玩的遊戲。有一位丈夫抱怨洗衣店的費用激增，他發現妻子竟然為了蒐集喬治的食譜，把可以再穿一天的襯衫送洗！

喬治並未以此自滿。他野心勃勃，要讓自己的事業更上一層樓。他把每千張美金1元的紙板寄給美國洗衣工會，工會便推薦所有的會員採用他的紙板。因此，喬治有了另外一項重要的發現，給別人你所喜歡及美好的事物，你會覺得得到更多！

縝密的思考和規劃為喬治帶來可觀的財富，他認為一段獨處的時間，是招來財富必要的投資。

喬治這樣說——

不論你是誰，不管年齡大小，教育程度高低，都能夠招來財富，也可以走出貧窮。各行各業的人士，都不要低估思考的價值。即使躺在床上也能思考！即使你躺在醫院的病床上，研究、思考及規劃，也能致富。

12．具備超前的投資意識

隨著社會的多元化發展，無形中孕育了很多投資致富的機會，是否能從這些機會中攫取

財富，取決於投資主體是否有超前意識。以藝術品投資為例，近年來，藝術品投資市場日漸紅火，越來越多的人開始意識到藝術品投資是一種回報頗高的投資理財方式。獨到的眼光和超前的意識對於成功投資非常重要。

要想成功地投資藝術品，除了不要盲目跟風之外，還要培養自己獨到的賞鑑能力和超前的投資意識。國內外知名藝術家的作品雖然很有收藏和投資的價值，但價格非常昂貴，而且買到贗品的可能性很大。因此，富人常常投資那些較有潛力、而目前市場上價值不太高的中青年藝術家的作品。一般而言，這樣的富人都具備較高的專業水準和市場預測能力。

前幾年，趙女士拋開眾人推崇的諸多名家，開始投資中青年藝術家的作品，如今這些中青年藝術家都已中外聞名，他們的作品也已經價值連城了。趙女士因超前意識獲得了不菲的回報。

超前的投資意識，不但可以讓投資者獲得豐厚的利潤，有時候，還可以改變一個人人生的財富軌跡。

投資其實是一門很深奧的學問，它好比一所大學，進去了但永遠不會畢業，即使是成功的大企業家、富豪投資者也難免有失手的時候。富人們常常是通過不斷學習、不斷思考，從而看得更遠，將風險降到最低。

數年前，美國著名的《財富》雜誌曾經對香港的財富巨人李嘉誠進行過採訪。在訪談中，李嘉誠袒露了自己的財富之道：不斷學習，肯用心去思考，抓到重大趨勢，賺得巨利，便成大贏家。

當然，李嘉誠之所以賺到巨額財富，其中必定會有很多祕訣，但李嘉誠卻認為「肯用心思思考未來」是其中十分重要的一條。可見他對超前意識看得有多麼重要。

只有認真「思考未來」，才能看清方向，把握商機。投資者能否贏得市場，關鍵在於其是否能夠把握市場發展趨勢，看清前進方向。超前對市場變化的走勢、進程和結果作出正確的判斷，從而趨利避害，搶抓商機，掌握競爭的主動權。

而要做到這一點，投資者就要經常思考未來，練就戰略眼光，善於高瞻遠矚，審時度勢，從而運籌於帷幄之中，決勝於市場之上。

李嘉誠正是由於「經常思考未來」，才在經營中如有神助，屢創奇蹟。比如一九六七年香港社會不穩定，此時投資者普遍失去信心。香港房價暴跌，但李嘉誠卻憑藉過人眼光和開拓魄力，逆向思維，人棄我取，乘機低價大肆收購其他地產商剛開始打樁而又放棄的地盤。這樣，在二十世紀70年代香港樓宇需求大大增加時，他「賺到了很多錢」。

其實，在李嘉誠幾十年的經營生涯中，這樣的事例很多。從這裏，投資者不難發現其實高人一籌的長遠眼光和把握商機的才能，看似神祕，其實這不正是由於經常思考的結果嗎？

13．誓做富爸爸，不做窮爸爸

前幾年在美國，一度有本暢銷書叫做《富爸爸與窮爸爸》，書中講的富爸爸沒有進過名牌大學，他只上到了八年級，可是他這一輩子卻很成功，也一直都很努力，最後富爸爸成了夏威夷最富有的人之一。他那數以千萬計的遺產不光留給自己的孩子，也留給了教堂、慈善機構等。

富爸爸不光會賺錢，在性格方面也是非常的堅毅，因此對他人有著很大的影響力。從富爸爸身上，人們不光看到了金錢，還看到了有錢人的思想。富爸爸帶給人們的還有深思、激勵和鼓舞。

窮爸爸雖然獲得了耀眼的名牌大學學位，但卻不了解金錢的運作規律，不能讓錢為自己所用。其實說到底，窮與富就是由一個人的觀念所決定的，但卻容易受周圍環境的影響。所有的有錢人都有一個共同的觀念：誓做富爸爸，不做窮爸爸，用錢去投資，而不是抱著錢睡大覺。

正確投資是一種好習慣，養成這樣習慣的人，命運也許從此改變。而那些擁有了財富就止步的人，將會重新回到生活的原點。

一個人如果不養成正確投資的好習慣，讓錢在銀行睡大覺，就是在跟金錢過不去，就是在變相削減自己的財富。有很多人辛勞一生，到頭來卻還是窮人，就因為這些人不會把錢變成資本。

可以這樣說，富人都是天然的投資家，大多數窮人都只是純粹的消費者。因此，如果要想不再做窮人，就不但要努力掙錢，用心花錢，還要養成良好的投資習慣，主動獵取回報率能超過通脹率的投資機會，這樣才能真正保證自己的錢財不縮水，才能逐漸接近自己的財富目標，才能過上更好的生活。

不過想投資首先還要會投資，投對資。同樣是一套房產，購買者可以自己住，也可以出租，還可以轉手賣出，購買者的不同處理方法就可以改變這套房產的價值。

同樣是花錢，有時可能是投資，有時又可能是消費，關鍵就要看花錢的最終目的是為了以後不斷掙錢，還是單純就為了花錢而花錢。

假如你花錢購買了一套房子，目的是為了讓房租流到自己的口袋，那購買這套房子就是投資；如果購買這套房子，只是為了改善自己的居住條件，那它就變成了你的消費。

有錢人總會想盡一切辦法把自己的錢變成資產；而窮人卻總會心甘情願地享受消費的樂趣。追其根本，無非就是思維觀念的不同。沒錢人低頭勞動，有錢人抬頭找市場；沒錢人用心掙錢，有錢人用心投資；沒錢人空手串親戚，有錢人慷慨交朋友；沒錢人伸手領工資，有錢人考慮發工資；沒錢人等待被選擇，有錢人細細選擇別人；沒錢人學手藝，有錢人學管理；沒錢人聽奇聞，有錢人創奇蹟。

有的人說：我沒有錢怎麼投資？多年之後，他將依然是窮人。有的人說：我很窮，所以我必須投資。幾年後他將成為有錢人。

在現實中，不少人因為沒有錢，所以什麼都肯做，從無到有，聚沙成塔；還有很多人由於沒有錢，因此什麼都不肯改變，只能貧困一生！富人都是具有積極向上的心態和持之以恆精神的人。富有與貧窮，往往只不過是一念所致。

14．不走多數人走的路

在物質文明極大豐富的今天，追求個性追求創意已成為人們消費的主流。因此，要想自己的投資項目做得好，能長時間站住腳，好的創意是不可少的——富人便善於借助創意走向致富之路。

好的創意來自投資者對投資領域的深刻理解；好的創意可以帶給投資者無限的財富。現在有很多投資者喜歡步人之後，大步跟風，看別人做什麼自己也做什麼，別人投基金，他也投基金；別人炒股票，他也炒股票；別人投房地產，他也投房地產。可是最後忙活半天，到底賺沒賺到錢，只有他自己知道。

精明的張女士很早就知道，沒有新意的投資很難賺到錢，所以她從來就不喜歡跟風。當眾多投資者爭搶著投資一座商業大樓各層的鋪面時，精明的張女士卻相中了該大樓樓頂300多平方米的露天平臺，經過多次跟開發商協商溝通後，最終以50萬元的價格租得平臺20年的經營權。

張女士對這個頗有創意的投資計畫十分滿意。雖然這個平臺辦不了產權，但只要能賺錢辦不辦產權又有什麼關係呢。而且這個平臺的位置極佳，如果是室內鋪面起碼也要兩三百萬元，最終也不過是租給那些開茶樓、咖啡館的，每個月也無非就租個一兩萬元，而張女士只花$\frac{1}{4}$的錢就買下這個平臺20年的經營權，雖然也是租給別人做咖啡館，但是投資成本就低了很多。再加上這裏位置好，所以租金甚至比好位置的鋪面還要高，更重要的是總有人搶著要租這裏。

好的創意不但可以給人們生活增添方便還可以讓投資者輕鬆賺錢。黃先生買下了一個社區裏一棟小戶型的頂樓一個單元內的十套房，由於一次購買多套住房，因此銷售商給了黃先生10％的優惠。再加上頂層跟樓下的住戶之間也沒任何交叉，因此樓道等空間都可以利用起來。黃先生就用這十套房子開了一個小旅館。

黃先生所在的社區規模很大，住戶非常多。隨著人們生活水準的提高，現在許多人家裏來了客人，都不太願意在主人家裏留宿，因此這個家庭旅館就頗受歡迎，由於這裏離家近、方便、安全而且收費不高所以生意一直都很好。特別是家裏有人嫁娶什麼的，老家一來人這個家庭旅館就全被包出去了。幾乎從來不用接社區以外的生意，單是這個社區裏的業主就能保證每年大部分時間都有錢賺。

好的創意也許可以為投資者帶來意想不到的財富。汽車鋼圈商標固定結構器的發明者陳永全，就是通過創意發明改變了自己的生活。

陳永全學歷僅初中肄業，十多年來一直在臺灣擺小攤糊口。可是他在有一年的德國紐倫堡發明展上卻拿到了金獎。

原來愛動腦筋的他，有一天午休時，坐在路邊看著一輛輛汽車從他眼前穿過，看著看著，他的目光落到了高速運轉的車輪上，好奇地思索著，「輪圈為什麼一定要跟著輪胎轉動？」這就成了再簡單不過的發明初衷。

年輕時就對機械原理很熟悉的陳永全，花了一個多月時間，親自動手作出了固定式鋼圈，也就是這個發明，讓輪胎中心的汽車商標，即使汽車在高速行駛時，仍然可以看得很清楚。這就讓輪胎一下子變成了戶外廣告的載具。

這個創意取得了7個國家的專利，甚至連福特汽車都來跟他洽談技術授權問題。所以說，沒有不好的市場，只有做不好的企業，在競爭激烈的市場中，投資者如果缺乏創新，就很難站在市場中站穩腳跟，求新和超前意識，永遠是企業活力與競爭力的源泉。

15．百折不撓，但求成功

一九七三年，中東爆發了石油危機，嚴重打擊了香港的各行各業，特別是塑膠業。當時，股票暴跌，物價飛漲，失業人數大增，小市民生活苦不堪言。

有一天，一位蓬頭垢面、油污滿手的50歲的男子，拖著疲乏的腳步，踏進旺角的一個算命館。他明顯地受到了很大的挫折，希望能獲得這位相士指點迷津，得點鼓舞。誰知道，相士出口無情：「你的命運，與富貴無緣。我看你還是安分地找一份工作，做個打工仔——你是不適宜自我創業的。」

換了另一個人，受了這種挫折之上的打擊，大多數會意志消沉，一蹶不振。但這位已經50歲的落魄潦倒者，卻是一位不折不扣的與命運挑戰者，這位相士的話，反而激勵了他的鬥志。他憑著超乎常人的信心與毅力，對抗厄運，在往後的創業路上，逆流而上，終於成就了一番偉業。

一九九一年，農曆年初二，在中東炮火彌漫之際，香港維多利亞港舉辦了世界第二大規模的煙花匯演。而這個「震雄集團」是贊助煙花匯演的第一個工業機構，它打破了歷年來類似匯演被商業機構壟斷的傳統。

「震雄」的創辦人，就是當年那位落魄、向相士「下馬問前程」的中年人蔣震。而蔣震重新振興的祕訣，就是——信心加毅力。

一九五八年，蔣震利用一點積蓄，與友人譚雄成立了一個小型的修理機械零件工廠，而「震雄」就是取兩人的名字而命名。

可是，由於他們資本有限，生產技術落後，生產的機器並沒有贏得市場的好感。合夥人譚雄見生意不好，心灰意冷，提出退股。從此，蔣震便單槍匹馬，獨資經營。

蔣震意志堅決，不為所挫，仍然埋頭研究吹瓶機的製作與改善。每天花上近20小時在工廠，很多時候連家也來不及回。一九六五年，「震雄」推出了先進的螺絲直射注塑機，獲得中華廠商會第24屆工業展覽會「最新產品榮譽獎」。

之後，「震雄」不斷革新，不斷改良，業務由香港發展到世界各地；一九七一年，它成功研製出香港首部全油壓增壓式四安士螺絲直射塑膠機，備受用戶讚揚，奠定了「震雄」的工業地位。

但是好景不長。一九七三年，中東爆發了對全球經濟產生災難性影響的石油危機，香港的塑膠業備受其害，只是在一九七三年8月至10月期間，就有77家塑膠廠破產倒閉。「震雄」欠下銀行200多萬港元，被銀行逼迫著要還款，蔣震與銀行交涉，獲准將存貨與機器出售，按月攤還欠款。

這個時期的蔣震，每日工作20個小時，竭盡全力，去克服這個危機。結果，三個月後，他償還了100多萬港元的債務。銀行見「震雄」信譽良好，便沒有進一步追討欠款，而「震雄」便因此得以休整，在經濟復蘇之後，有如他贊助演出的煙花（煙火）一般，一飛衝天，光芒璀璨。

目前，震雄集團的機械遠銷全球40多個國家。它的營業額每年高達1億港元，而雇用的員工有一千四百多名。

16．生命不熄　創富不止

一九七九年，希爾頓以92歲高齡病逝於美國，這位以「飯店大王」聞名於世的世界旅館業巨擘終於停下了創富的腳步。希爾頓從五千美元起家，步步為營，不斷進取，從無滿足止步之時，使他的事業充滿生機，興旺發達，直至舉世無雙的地步。

一九一九年，當希爾頓在德克薩斯州企圖經營銀行沒有成功時，一個偶然的機會，他打聽到當地的馬比萊旅館老闆欲以4萬美元出售生意興隆的旅店，希爾頓內心一陣狂喜，準備想法買下。

希爾頓首先找到了一位在經營銀行和做生意上有經驗的人屈呂安入夥，並共同在截止時間的最後幾分鐘籌足了現款，買下了這家旅館。當時，這只是一家很不起眼的旅店，誰也不會想到他就是旅店帝國——希爾頓酒店的前身。

在馬比萊旅館，希爾頓和屈呂安得到了一個理想的試驗場，得以探索旅館經營的原則。對於經營酒店而言，要充分利用各種對自己有用的資訊，但很少有人注意到這些東西，一旦它的潛力被發揮出來，它所釋放的能量是驚人的。

在經營馬比萊旅館很短的時間裏，希爾頓發現他們浪費了太多的空間，它還有更大的潛力。一天晚上，希爾頓推醒屈呂安，將他推到客廳，指著櫃檯嚷：「它太長了，完全可以截掉一半。」、「還有餐廳，那兒也可以睡覺。」屈呂安一時還沒有明白他的意思，睡眼朦朧地應付了幾句，希爾頓繼續察看大廳。

第二天，希爾頓讓人將餐廳隔成僅能容納一張床、一張桌子的小房，白天可供進餐用，夜晚就是客房。接著，希爾頓又讓人將大櫃檯截掉一半，剩餘的空間作為一個賣香煙、報紙的攤位，還在大廳的一角辦了一個小小雜貨鋪。如此改觀。立即給旅館帶來了一筆客觀的額外收益。最大化節省浪費的空間成為希爾頓經營旅館賺取更多利潤的法門，也是希爾頓終生遵守的準則。

希爾頓從得州的實際出發，看到市場對旅館的需求狀況，他認為旅店經營應該是大有可為的。於是，希爾頓找來屈呂安：「你知道嗎？現在這兒需要更多的旅館，我們要在別人之前先下手。」

「我明白你的意思，可是我們還拿不出開辦另一個『馬比萊』的資金，除非我們能找到更多的合夥人。」屈呂安頗為認同但又不無憂慮地說。

「也許我們可以想一些辦法，我們分頭聯絡吧。」

希爾頓迅速想到了他在軍隊的戰友——營長鮑爾斯，於是他專程直往芝加哥，拜訪這位久別的朋友。鮑爾斯很快接受了希爾頓的建議，他們於是在德克薩斯的華斯堡以二萬五千美元的價位買下了梅爾巴旅館。希爾頓從軍前結識的年輕銀行家伊拉也幫了他大忙。不久，梅爾巴成為希爾頓所規劃的第二個馬比萊。

希爾頓的事業版圖永遠處於正在擴張時，隨後，希爾頓又想方設法買下了第三家旅館，更名為「華爾道夫」。心機沒有白費，第三家旅館很快就帶來了預期的收益，這個設在得州達薩斯市中心的六層旅館，有150間房，擁有獨立浴室。這是一次高風險的投資，希爾頓得到他母親和伊拉的再次援助，同時贏得了德克薩斯州立銀行的年輕銀行家桑頓提供的五萬五千美元的鉅款。後來希爾頓在軍隊中最親密的戰友歐文，也從三藩市趕來入夥，給了希爾頓巨大的幫助和鼓勵。

希爾頓在開辦、經營旅館時，從來不浪費任何有利的機會、關係，這些是以後希爾頓成

為「希爾頓帝國的皇帝」的重要條件。希爾頓不但時刻告誡自己，不要浪費任何有利或可能有用的東西，還時時告誡他的合夥人、店員，要求他們也這樣做。

正是在這種哲學理念的支配下，希爾頓在德克薩斯州迅速擁有了8家小旅館。

天空不總是晴朗的。美國經濟危機突然在希爾頓迅速開拓旅館業時爆發。許多旅館破產倒閉，希爾頓的旅館也沒有倖免於難，陷入資金緊張的困境，希爾頓及其合夥人、店員們絞盡腦汁，尋找各種機會，哪怕只是一線希望，終於保存下了5家旅館，勉強度過它艱難的創業時期。

希爾頓等來了春天。《全國復興法案》公佈了，希爾頓及其合夥人乘機再次擴展了自己的事業。一九三五年，剛剛恢復元氣的希爾頓買下了艾爾帕索的北山旅館，接著又買下了葛萊格旅館。希爾頓準備繼續開疆拓土，向德州之外發展自己的事業。

第二次世界大戰爆發後，遠離戰場的美國在戰爭中大發橫財，國民收入持續增長，希爾頓敏感地覺察到：社會消費水準的提高，必將使人們在解決溫飽問題之後，將更多的錢花在新的消費專案上。他們會走出家門外去感受外面的世界，旅遊業將獲得一次前所未有的飛躍。這必然會導致旅館業面對著更廣闊的市場。希爾頓高瞻遠矚地再次擴張自己的事業版圖。正像他說的那樣：「我們要珍惜空間，這是旅館業的一大原則。我們不僅不能浪費旅館內的小空間，更不能浪費社會提供給我們的大空間。」

希爾頓和他的合夥人珍惜了所有有價值的東西，希爾頓帝國迅速地擴展版圖，希爾頓家族甚至宣稱：希爾頓的太陽永不西沉。

第二章

富人內外兼修　用智取勝

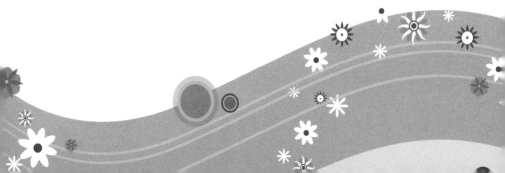

隨著知本家群體的興起，「知識就是力量」的真理性越來越得到證明。所謂「知本家」，就是利用自身擁有的高新知識創造財富的成功人士。這裏的「知識」既指資本，也指根本、基本。對於大多數富人而言，他們用於增長學識的過程與財富積累的進程並駕齊驅。萬科的董事長王石便曾經在網上列出自己的購書清單：《中日居住文化》、《房龍講述地理的故事》、《城市經濟學》、《建築的故事》、《支持型經濟》、《社會學與人類學》；《現代社會學倫理》、《風險社會》、《美國同情心的悲劇》、《暴力之後的正義與和解》、《破壞性的一代》、《權利的成本》、《控訴帝國》、《大狗：富人的物種起源》、《死亡文化史》、《鄭和研究百年論文》、《四分之一世紀巨變的民間觀察》。

王石曾說：「我覺得大部分書都是有用的，它並不是工具，而是生活的一部分，如果你真要找出它的功效，我想應該是它在綜合層面上提高了人的修養，滿足了人的各種興趣，提高了人的生活品質，這跟工作是相輔相成的。那些為了工作而放棄了讀各類書籍的人，其實只能讓自己的思維越來越狹窄，對工作根本沒有幫助。」

從某種意義上來看，理財領域絕對是一個科學含量較高的世界，如果你想征服這個世界，便要熟悉這個世界的法則。

1．謹遵巴菲特的「三要三不要」理財法

巴菲特和索羅斯都是世界上著名的投資家，但兩人的投資風格大相徑庭，索羅斯喜歡激進和冒險，崇尚「要麼賺很多錢，要麼賠很多錢」；而巴菲特則追求穩健投資，絕不做「沒有把握的事情」。善於控制風險的富人謹遵巴菲特的「三要三不要」理財法。

「要」投資那些始終把股東利益放在首位的企業

巴菲特總是青睞那些經營穩健、講究誠信、分紅回報高的企業，以最大限度地避免股價波動，確保投資的保值和增值。而對於那些企圖利用配股、增發等途徑榨取投資者血汗的企業，巴菲特則一概拒之門外。

「要」投資資源壟斷型行業

從巴菲特的投資構成來看，道路、橋樑、煤炭、電力等資源壟斷型企業占了相當份額，這類企業一般都是外資入市投資、購併的首選，同時獨特的行業優勢也能確保效益的平穩。

「要」投資易了解、前景看好的企業

巴菲特與一般人只注重概念、板塊、本益比的投資方式不同，凡是投資的股票必須是自己瞭若指掌，並且是具有較好行業前景的企業。不熟悉、前途莫測的企業即使被說得天花亂墜也毫不動心。

「不要」貪婪

一九六〇年的美國股市牛氣衝天，到了一九六九年，整個華爾街進入了投機的瘋狂階段，每個人都希望手中已經漲了數倍的股票一直漲下去。面對連創新高的股市，巴菲特卻在手中股票漲到20％的時候就非常冷靜地悉數全拋。後來，股票出現大幅下跌，貪婪的投資者有的血本無歸，有的傾家蕩產。

「不要」跟風

二〇〇〇年，全世界股市出現了所謂的網路概念股，一些虧損、本益比極高的股票一沾上網路的邊便立即「雞犬升天」。但巴菲特卻不為所動，他稱自己不懂高科技，沒法投資。一年後全球出現了高科技網路股股災，人們這才明白「不懂高科技」只不過是他不盲目

跟風的藉口。

「不要」投機

巴菲特的「投資不投機」是出了名的，他購買一種股票絕不在意來年就能賺多少錢，而是在意它是不是有投資價值，更看中未來5～10年能賺多少錢。他常說的一句口頭禪是：「擁有一支股票，期待它下個早晨就上漲，是十分愚蠢的。」

2．推崇鄧普頓的16條投資法則

約翰・鄧普頓（John Templeton）被喻為投資之父，這不僅在於他的91歲高齡，還因為他是驗證價值投資的典範，並且讓美國人意識到了海外投資的美好利潤前景，開創了全球化投資的先河。鄧普頓自一九八七年退休之後，全身心投入傳教事業中，還著書立說發表自己的人生哲理，將其投資法則歸納為16條。很多富人都極為推崇鄧普頓的這16條投資法則。

1．信仰有助於投資　一個有信仰的人，思維會更加清晰和敏銳，大大降低犯錯的機率。保持冷靜並且意志堅定，便不會被市場環境所影響。

2．謙虛好學是成功法寶　那些自以為對什麼問題都知道的人，其實對問題的了解未必透徹。在投資領域，狂妄和傲慢所帶來的是災難，也是失望。聰明的投資者應該知道，走向成功是不斷探索的過程。

3．**要從錯誤中學習**　避免投資錯誤的唯一方法是不投資，但這卻是你所能犯的最大錯誤。不要因為犯了投資錯誤而耿耿於懷，更不要為了彌補上次損失而孤注一擲，你應該找出原因，避免重蹈覆轍。

4．**投資不是賭博**　如果你在股市不斷進出，只求幾個價位的利潤，或是不斷拋空，進行期權或期貨交易，股市對你來說已成了賭場，而你就像賭徒，最終會血本無歸。

5．**不要聽信小道消息**　小道消息聽起來好像能馬上賺到錢，但要知道「世上沒有免費的午餐」。

6．**投資要做功課**　買股票之前，至少要知道這家公司出類拔萃之處，如自己沒有能力辦到，便請專家幫忙。

7．**跑贏專業機構性投資者**　要勝過市場，不單要勝過一般投資者，還要勝過專業的基金經理，要比大戶更聰明，這才是最大的挑戰。

8．**價值投資法**　要購買物有所值的東西，而不是市場趨向或經濟前景。

9．**買優質公司股份**　優質公司是比同類好一點的公司，例如在市場中銷售額領先的公司，在技術創新的行業中，科技領先的公司以及擁有優良營運記錄、有效控制成本、率先進

入新市場、生產高利潤消費性產品而信譽卓越的公司。

10．**趁低吸納**　「低買高賣」是說易行難的法則，因為當每個人都買入時，你也跟著買，造成「貨不抵價」的投資。相反，當股價低、投資者退卻的時候，你也跟著出貨，最終變成「高買低賣」。

11．**不要驚慌**　即使周圍的人都在拋售，你也不用跟隨，因為賣出的最好時機是在股市崩潰之前，而並非之後；反之，你應該檢視自己的投資組合，出售現有股票的唯一理由，是因為存在更具吸引力的股票，如沒有，便應該繼續持有手上的股票。

12．**注意實際回報**　計算投資回報時，別忘了將稅款和通脹算進去，這對長期投資者尤為重要。

13．**別將所有的雞蛋放在同一個籃子裏**　要將投資分散在不同的公司、行業及國家中，還要分散在股票及債券中，因為無論你多麼聰明，也不能完全百分之百地預測或控制未來。

14．**對不同的投資類別抱開放態度**　要接受不同類型和不同地區的投資專案，現金在組合裏的比重不是一成不變的，沒有一種投資組合永遠是最好的。

15．**監控自己的投資**　沒有什麼投資是永遠的，要對預期的改變作出適當的反應，不能買了幾支股票便永遠放在那裡，美其名為「長線投資」。

16．**對投資抱正面態度**　雖然股市會回落，甚至會出現股災，但不要對股市失去信心，因為從長遠而言，股市始終是會回升的。只有樂觀的投資者才能在股市中勝出。

3．參考泰勒．巴納姆的理財方法

為新沙發配新椅子，為新椅子配新桌子，為新桌子配新家具，為新家具配新房子，有些人就這樣沉淪在無盡的欲望中，永遠被富人俱樂部拒之門外。

泰勒．巴納姆出身卑微，從雜貨店店員起家，後來創立了世界上最大的聯合馬戲團，成為世界上最有錢的人之一。這位白手起家的前輩，他的財富理念和積累財富的方法與眾不同，富人常會參考泰勒．巴納姆的理財方法。

只求舒適，拒絕奢侈

致富的方法中包含一個最簡單的方法，那就是量入為出。正如米考伯先生（英國作家狄更斯小說《大衛．科柏菲爾》另譯《塊肉餘生記》中的一個人物）所說：「一個人，如果每年收入20英鎊，卻花掉20英鎊6便士，那將是一件最令人痛苦的事情；反之，如果他每年收入20英鎊，卻只花掉19英鎊6便士，那是一件最令人高興的事。」你或許會說：「這個道理我們知道。這叫做節約，就像吃蛋糕，蛋糕吃完了就沒有了。」但是知道是一回事，能不能身體力行又是一回事，很多人就是在明知這個道理的情況下破產的。

節儉總是意味著收大於支出。舊衣服可以再穿一穿，新手套可以暫時不買，食物可以不必太講究，房子可以住得小一些，能自己做的事情就不要雇別人來做。在這樣的情況下，除非出現意外，否則一個人終其一生，肯定可以積攢一筆不小的財富。這裏一分錢，那裡一塊錢，如果存起來，加上利息，就會不斷增加。如果你再懂得如何合理地投資和理財，比如在適當的時候投資房地產，將存銀行的錢換成國債以獲取更高的利息，那麼，你的財富的增長速度將會更快。

建議你從現在開始，準備一個小冊子，畫上表格，記錄下你的每一筆開支。表格可以分為三欄：一欄為生活「必需品」，另一欄為「舒適品」，再一欄為「奢侈品」。不久你就會發現，你花在舒適品或者奢侈品上的錢，遠遠超過生活必需品，有時候會超過10倍不止。這樣的花費其實是沒有必要的。

佛蘭克林博士曾經說：「是別人的眼光而不是自己的眼光毀了我們。如果世上所有的人除了我都是瞎子，那我就不必關心什麼是漂亮的好衣服，什麼是華麗的家具了。」就算這個世界上根本沒有瞎子，你也不必為了愉悅別人的眼光，而跟自己的錢財過不去。

警惕為鞍買馬

一位富商，在他因為一筆生意賺到一筆大錢的時候，給家裏買了一個考究的新沙發。光那個沙發，就花了他3萬美元！沙發運來了，卻發現茶几不配套，於是又更換茶几，然後是桌子、椅子，一直到最後將整個家具全部都換掉了。這時卻又發現，和容光煥發的新家具比起來，房子未免顯得太老、太舊。於是拆掉舊房，蓋上和新家具相配的新房。就這樣，為了這個沙發，他的花費加起來竟然達到30萬美元。然後為了維護它，他每年還得花11萬美元。而在此之前，他每年只要花上幾千美元，就可以過得相當舒服，而且沒有那麼多煩惱，沒有那麼多要操心的東西。這個沙發最後甚至差點將他拖到破產的邊緣……

這樣的慘痛經歷，使得富商認識到，不能再做這樣「為鞍買馬」的傻事了。可是，看看自己，是不是也在重複做著同樣的傻事。比如買了一件新衣服，於是要配上相應的項鏈、手錶、手提包，相應的褲子、皮鞋，然後要更換相應的車子，再往後要上符合身分的飯館……這樣的消費是沒有窮盡的。就算是一個本來很富裕的人，以這樣的方式去消費，也很快就會將家財蕩盡，更何況有些人本來就不太富裕……

小心為消費負債

負債會輕易剝奪一個人的自尊，甚至連自己都會鄙視自己。當債主上門要債時，你卻無錢還債，死皮賴臉，久而久之，你就會變成一個無賴，不知尊嚴為何物。

曾經有一個鄉下的富翁教育他的兒子說：「約翰，千萬別去賒賬，非賒不可的話，就去賒點糞肥，它們可以幫你還賬。」這話的意思是說，如果你萬一要賒賬要舉債的話，也應該是為了投資，為了賺更多的錢，積累更多的財富。如果僅僅是為了穿好的、吃好的，住大房子，開好車子，在人們面前打腫臉充胖子，那麼千萬不要去舉債。

付出總會有回報

不論你有多麼辛苦，也不管你有多麼疲勞，都不要把應該現在做的事情推到以後去做，哪怕只是推遲一小時。有多少人只是依靠勤勉就取得了人生的成功，而他們的鄰居卻為了每天多貪睡幾個小時窮困一生。鬥志和勤奮，是成功人生必不可少的兩個因素。

自助者天助之。有些人只是成天坐在那裡，抱怨這個，抱怨那個，抱怨別人都有機會發財而他卻沒有機會。在大多數時候，機會是不會從天上掉下來的。

別老想著花別人的錢

有個年輕人，走路幹活都顯得懶洋洋的。有好心人問他：為啥一天到晚老是一副無精打采的樣子呢？那個年輕人讀過書，受過很好的教育，有很高的學歷。他說：「我受那麼多的教育可不是為了最後來給別人當夥計的。我得自己幹，自己當老闆。」年輕人心高氣傲，可以說是件好事，但當問他為什麼不從現在就開始自己幹呢？他卻說：「我沒有資金。我在等待我的資金。」他說他有一個年邁的姨媽，非常有錢，「她沒幾天好活的了。要是她不能夠馬上就死，那我會再去找其他一些富有的老傢伙。他們會借給我幾千塊錢，那樣我就可以開始了。只要拿到啟動事業的資金。我一定會幹好的。」

有誰會相信一位等待資金的人能成就出一番大事業來呢？沒有經過磨難得到的資金是不牢靠的，這就是錢來得快去得也快的道理。在這樣的情形下，他並不會知道金錢的真正意義和價值。沒有自我約束、紀律、節儉、耐心、毅力，總是指望著以別人的錢而不是自己的積累去開創一番事業，這樣的心態是可怕的，也不可能獲得成功。

這位年輕人所指望的那些老人，比如他的那位姨媽，是如何獲得成功的？事實上，很多富人都是白手起家。他們依靠的是自己堅定的意志、決心、努力、執著、節儉，以及良好的習慣，才獲得成功的。在他們漸漸發跡的過程中，他們將錢小心地積攢下來，才成就了他們晚年的富裕，這也是積累財富的最好方法。

不要指望天上掉餡餅！不要老想著花別人的錢！己所不欲，勿施於人！這是泰勒・巴納姆對每位年輕人的忠告。

集中所有力量

執著地敲打一隻釘子，使勁地敲，直到它最後鑽得很深很透。關注一項事業，堅持做好，直到成功，或者直到經驗告訴你可以放棄。當一個人的精力沒有分散，全都執著於一項任務，他的頭腦會一直想著如何改進這項任務，那他一定會不斷提高。可是要是腦子同時裝滿了十幾個不同的項目、任務，那專注力也會開小差，離他而去。財富也就那麼從手中滑落，所以請記住，當你在做一件事情時，要集中你所有的力量，盡心盡力地將它做好。在做好這件事情以後，再去做下一件事情。

正如一句老話所說，打鐵要一片一片地打，不能全部放在一起打，全部放在一起打，你最後得到的將只會是一堆廢鐵。

小心這樣的朋友

當一個人有錢以後，通常可以看到，他身邊馬上會聚攏一堆人。這些人都自稱是他的朋友。他們教他怎樣打牌，怎樣吸煙，怎樣識別各種不同品牌的雪茄和葡萄酒，怎樣玩最新鮮有趣的遊戲，總之，都是讓他往外掏錢的玩意兒。辛苦賺來的錢很快就在這些朋友的「關懷」下被揮霍一空。有時候他們也會告訴他在哪裡哪裡，有一個如何如何好的機會，「保證你能大賺一筆！」結果為了賺到幾千塊錢的意外之財，他可能又損失掉幾萬塊錢。

這些朋友最擅長的就是對人進行吹捧，在這樣的吹捧下，很多人很快就會忘乎所以，以為自己真的有點石成金的金手指，是無所不能的大神仙。你可能聽到他們中的一位說：「哎呀，對這門生意我一竅不通，只有你能教我。」於是你慷慨地教他，全然忘了你自己對這門生意同樣一竅不通，並且在對方的甜言蜜語下，慷慨地投入1萬元，繼而追加到2萬元、3萬元……一直到你最後徹底破產，你才恍然醒悟，可是這時為時已晚。這時候你才明白自己原來不是大神仙，也沒有點石成金的金手指。過去的那些「親密」朋友這時候卻一哄而散，只留下你一個人在那裡孤孤單單地品嘗失敗的滋味。這樣的事情從古至今一直在發生著，相信將來也會繼續發生著。

泰勒・巴納姆的忠告是：千萬不要糟蹋自己辛辛苦苦賺來的金錢。當你有錢了才來到你身邊的朋友，緊緊跟隨你的朋友，將你誇得跟朵花似的朋友，而在你沒錢時，在你未發跡之前不見蹤影的朋友，都不是真正的朋友。你要小心這樣的朋友！

不要吹牛

有些人身上有許多愚蠢的毛病，其中有一項就是吹牛。

錢還沒有賺多少，就到處亂吹，百萬富翁吹成千萬富翁，千萬富翁吹成億萬富翁。他們這樣做非但不會有什麼收穫，反而時常會讓他們陷入無可奈何的窘境！到時候，有人求他們借錢怎麼辦？借還是不借？有人要求他們超出自身能力的捐獻贊助怎麼辦？捐還是不捐？所以，千萬不要吹牛，吹牛有百害而無一利。往輕一點方面說，吹牛可能使你喪失名譽，嚴重一點，你可能無端地為自己的事業製造許多的障礙，而這些障礙本來是不應該存在的。

保持正直的操守

正直操守比鑽石和金錢更珍貴。

缺乏正直操守的人，也不可能真正享受到成功的喜悅，因為真正的喜悅需要用一顆和平、安寧的心才能真正體會到。

金錢本身無所謂善惡，是人們對金錢不加節制的欲望，才使金錢成為所謂的萬惡之源。就金錢本身來說，如果使用得當，不僅是家中得力的幫手，而且可以給自己和他人帶來幸福和滿足。正如莎士比亞所說，金錢是人們的好朋友。對金錢的渴望無所不在，無可指責，但是記住，當你擁有了足夠的金錢以後，你也必須承擔因為擁有大量金錢而帶來的各種社會責任，比如修橋補路，樂善好施等。

4．像巴菲特一樣規避風險

一九五六年，巴菲特靠從親朋處湊來的10萬美元白手起家，50多年後的今天，富比士最新全球富豪排行榜顯示，巴菲特的身家已達到了近500億美元。今天看來，巴菲特的財富故事無異於一個神話。但仔細分析巴菲特的成長歷程，可以發現，巴菲特並非那種善於製造轟動效應的人，他更像一個腳踏實地的平凡人。

雖然巴菲特是全球最受欽佩的投資家，但是機構投資者在很大程度上不理會他的投資方法，很少有投資諮詢公司或養老金信託公司會委任他管理資金。巴菲特所掌控的伯克希爾公司股票，包括基金經理在內的大部分人都不會去買，也從沒有分析師推薦他的股票。或許在很多人眼中巴菲特更像是一個老古董，他的投資理念與市場格格不入，總之，巴菲特與其他人總有那麼一點點區別與距離。或許正是這一點點區別決定了巴菲特只有一個，而其他人則是芸芸眾生。

巴菲特投資攻略一：儘量避免風險，保住本金

在巴菲特的投資名言中，最著名的無疑是這一條：「成功的祕訣有三條：第一，儘量避免風險，保住本金；第二，儘量避免風險，保住本金；第三，堅決牢記第一、第二條。」為了保證資金安全，他總是在市場最亢奮、投資人最貪婪的時刻保持清醒的頭腦而急流勇退。

一九六八年5月，當美國股市一片狂熱的時候，巴菲特卻認為已再也找不到有投資價值的股票了，他由此賣出了幾乎所有的股票並解散了公司。結果在一九六九年6月，股市大跌漸漸演變成了股災，到一九七〇年5月，每種股票都比一九六九年年初下降了50％左右，甚至更多。

巴菲特絕不幹「沒有把握的事情」。這種的穩健投資策略，使巴菲特逃避過一次次股災，也使得機會來臨時資本迅速增值。但很多投資者卻在不清楚風險，或自己沒有足夠的風險控制能力下貿然投資，又或者由於過於貪婪的緣故而失去了風險控制意識。在做任何投資之前，我們都應把「風險因素」放在第一位，並考慮一旦出現風險時，我們的承受能力有多強，如此才能立於不敗之地。

巴菲特投資攻略二：做一個長期投資者，而不是短期投機者

巴菲特成功的最主要因素是他是一個長期投資者，而不是短期投資者或投機者。巴菲特從不追逐市場的短期利益，不因為一個企業的股票在短期內會大漲就去跟進，他會竭力避免被市場高估價值的企業。一旦決定投資，他基本上會長期持有。所以，即使他錯過了二十世紀90年代末的網路熱潮，但他也避免了網路泡沫破裂給無數投資者帶來的巨額損失。

巴菲特有句名言：「投資者必須在設想他一生中的決策卡片僅能打20個孔的前提下行動。每當他作出一個新的投資決策時，他一生中能做的決策就少了一個。」在一個相對短的時期內，巴菲特也許並不是最出色的，但沒有誰能像巴菲特一樣長期比市場平均表現好。在巴菲特的贏利記錄中可發現，他的資產總是呈現平穩增長而甚少出現暴漲的情況。一九六八年，巴菲特創下了58.9%年收益率的最高紀錄，也是在這一年，巴菲特感到極為不安而解散公司隱退了。

從一九五九年的40萬美元到二〇〇四年的429億美元的這45年中，可以算出巴菲特的年均收益率為26%。從某一單個年度來看，很多投資者對此也許會不以為然。但沒有誰可以在這麼長的時期內保持這樣的收益率。這是因為大部分人都被貪婪、浮躁或恐懼等人性弱點所左右，成了一個投機客或短期投資者，而並非像巴菲特一樣是一個真正的長期投資者。

巴菲特投資攻略三：把所有雞蛋放在同一個籃子裏，然後小心地看好

究竟應把雞蛋集中放在一個籃子內還是分散放在多個籃子內，這種爭論從來就沒停止過，也不會停止。這不過是兩種不同的投資策略。從成本的角度來看，集中看管一個籃子總比看管多個籃子要容易，成本更低。但問題的關鍵是能否看管住唯一的一個籃子。巴菲特之所以有信心，是因為在作出投資決策前，他總是花上數個月、一年甚至幾年的時間去考慮投資的合理性，他會長時間地翻看和跟蹤投資對象的財務報表和有關資料。對於一些複雜的難以弄明白的公司，他總是避而遠之。只有在透徹了解所有細節後巴菲特才作出投資決定。

5．奉行散戶賴以戰勝莊家的25條原則

1．在股票操作中，規避和防範風險是第一要務，也是取得長期成功的前提和保障。

2．在股票操作中，順應股價趨勢而為是第二要務，也是在市場生存的不二法門。

3．在股票操作中，成功的關鍵是被動地跟蹤股價運動，不可妄想自己比市場更聰明。在買賣時機確認之後要果斷地採取行動，並按自己的交易系統信號進出。但是，你自己的交易系統必須符合「科學、定量、客觀」三個要求，科學是指每一次交易贏

的機率大於85%，客觀是指不以人的意志為轉移，定量是指至少能以一個數學模型來描述。

4．在股票操作中，買入的股票一定要是強勢股，重勢不重價。股價高而指標低的股票比股價低而指標高的安全得多，趨勢是我們永遠的朋友和依據。

5．在股票操作中，只有短線操作與中線操作之分，不存在長線操作。在買入股票之前，是短線操作還是中線操作是不能預先確定的。

6．一家企業與一家企業的股票是完全不同的兩碼事，企業有好壞之分，股票只有上漲和下跌的區別。在股票操作中，買賣的是股票的漲跌而不是企業的好壞。

7．股市運動永遠處於不確定之中，換句話說，股市中唯一不變的就是它永遠在變，時間越長，不確定性就越大。股價運動的本質具高度的隨機性，其方向只有可能性而沒有絕對性。在股票操作中，任何股價的分析和預測，其可靠性都是值得懷疑的，在股價運動趨勢發生轉折之前，主觀地判定頂和底既不明智，風險又大。

8．在股票投資中，真正的投入要素包括金錢、時間、心態和經驗，對股票運動規律的認識、投資哲學思想和操作策略等遠遠不像金錢這麼簡單。如果你已經輸了錢，不要再賠進你的心態，凡是人就會犯錯誤，但這絕不是你再犯錯誤的理由，同樣的錯誤絕不允許犯第二次，每天進步1%，這就是成功的最大祕訣。

9・在股票操作中，你必須是毫無感情的機器人，無條件地執行自己的交易系統。

10・任何一次買賣都不允許過量，永不在交易清淡的品種上投資。在買賣受損時切忌賭徒式加碼。

11・在股票操作中，我們必須要求自己戰無不勝，而戰無不勝的真正含義是不勝不戰，操作品質遠遠重要於運算元量。

12・我們不能控制市場和他人，但是，我們要絕對能夠控制住自己。

13・我們不要求每次都看對，但是，我們必須要求自己每次都做對。做對比看對重要得多，這個重要程度怎樣誇張地形容都是恰當的。

14・「古來聖賢皆寂寞」，最偉大和最智慧的人都是孤獨的，不甘寂寞是大眾的做法。

15・大思維決定大境界，大境界決定大成功。

16・炒股就是炒心，套牢就是套心，人的心靈意志大於一切。在股票操作中，沒有事情是你努力過了也做不到的。勝負只是一時的，但意志卻能決定你的一生。

17・短線或者是中線操作都只是獲利的一種方法，絕不是投資的目的。短線操作的真正目的是為了不參與股價走勢中不確定因素太多的調整。

18・交易時猶豫、遲緩是投資者心態成熟度低下的標誌，是心靈意志力脆弱的標誌，也是妨礙投資者向專業化和職業化晉級的最大障礙。

19．企圖把每件事情都做好是高級弱智，專業的高手只捕捉必勝的機會，絕不會隨意捕捉模稜兩可的東西。

20．不會使用絕對空倉的資金管理戰術絕不是專業高手。

21．「高位看錯必須止損，低位看錯可以補倉。」這句話是錯誤的，只有根據你的交易系統提示買入信號而買入、按照預定的出局信號提示果斷出局而不管輸贏，才是正確的。

22．任何技術指標都是有缺點的，與其說會用技術指標，還不如說能掌握某種指標的使用條件更好。指標只是一種工具，錯把工具當目的是哲學水準幼稚的一種表現。在技術分析中，趨勢線和隨機擺動指標是最簡單但最有效的工具，前者給出了趨勢方向，後者從統計的角度給出了成功的機率。

23．如果有人在股市中宣稱能預測股市未來的走勢，他不是一個操盤王就是大傻子。如果按照他的預測去做的話，就是一個十足的瘋子，很快就會被市場淘汰出局。我們應該預測，但只能根據市場信號預測。

24．在股票操作中，知識不是力量，知識只有通過非常艱苦和痛苦的訓練，轉化為實戰操作水準才是力量。在達到這個層次之前，自以為是的知識和經驗是讓人成為井底之蛙的惡神，它可以阻止任何思想上的更新和進步，使你永遠成為初級投資者並不斷持續下去。

25・太陽、陽光和陽光產生的溫暖雖名有別，其實無二，但在哲學這個平臺上，太陽是起因。價格、成交量、時間、參與人總共四個市場要素，在哲學上的表現是不一樣的，價格是核心，所以，我們分析的核心就是價格，任何強調其他要素的行為都只能是輔助而不能作為主要的出發點，否則就是本末倒置和抓小放大。

6・投資自己不能停

富人只要有一定的經濟條件，便會首當其衝地投資於自己的教育。這是因為富人堅信：當你還是一個窮人時，你所擁有的唯一真正的資產就是你的頭腦，這是你所能控制的最強有力的工具，因此要不斷輸入新的東西。

日本現在的白領階層中，在工作之餘學習各種才藝，上空中大學或專科學校取得資格的人，竟多達26萬人。他們這樣進行自我投資，目的是為了提升自己的職位。因為他們知道，一旦自己放慢了求知的腳步，馬上會被他人落在後面。

例如，你具有某方面的執照，周圍的人們會視你為專家。需要這方面的知識時，第一個就會想到你，因為你在這方面的表現優異，這對你的升遷也十分有幫助。所以大家才會積極地為提高自己的能力而努力。

在當今知識經濟的社會裏，知識越發凸顯出它超常的價值，在知識和資訊方面落後於人，很快就會被社會淘汰。社會的發展越來越快，可謂日新月異，知識的更新也越來越快，年輕人若想成為社會的弄潮兒，而不是落伍者，就一定要緊跟時代的步伐，隨時把握時代發展的脈搏，及時調整自己，了解自己需要哪些知識來武裝自己，並以最快的速度為自己充電。這是當今時代一個年輕人在社會立住腳跟，並取得成功的必不可少的素質。

因為自我投資非常重要，所以在必要的投資上不能捨不得花錢，因為你要想到它給你帶來的效益可能遠遠超過你為它所投入的。現在的年輕人學電腦、學英語、學開車成為時尚，即使一時用不上，但他們明白「知識用時方恨少」的道理，往往在自己需要的時候，比如在應聘一個重要職位的時候，才發現現學是來不及的。所以平時就要了解社會發展的動態和趨勢，了解什麼是當前社會中最有用的知識，就要儘快地去掌握它。這樣機會到來時，你才會發現你比別人擁有更大的籌碼和勝算。

以前人們求職更多的是注重高收入，眼下，更長遠一些的因素開始越來越受到人們的關注：公司能不能提供正規的培訓，使自己得以不斷提升？也正因為如此，我們看到，在不少單位的招聘廣告中，都把「培訓機會」寫在了顯赫的位置上。隨著資訊時代新知識的膨脹性擴展，企業管理人員最終意識到，企業內部人力資源必須通過不斷地開發，企業員工所具有的知識與技能才能完成再生及再利用，否則這種「易耗型資源」將會隨時消耗殆盡。美國《ComputerWorld》雜誌日前的一項以IT從業人員為對象的調查顯示：在高收入之外，人們更渴望公司提供培訓教程。該雜誌表示，管理者必須與IT從業人員進行更有效的交流，提供使專業人員提高技能的機會以及由公司負擔的學習進修機會。

事實上，在單位不能滿足自己時，有心計的白領們早已自掏腰包開始接受「再教育」。工商管理、電腦、財務、英語等都是比較熱門的項目，這類培訓更多意義上被當作一種「補品」。在以後的職場衝浪中，這些培訓將化為各種資格證書，在求職或跳槽時增加自己的「分量」，有時學歷證書反倒排在了後頭。

美國職業專家指出，職業半衰期越來越短，所有高薪者，若不學習，無需5年就會變成低薪！人才處於不斷折舊中，而學習是防止人才折舊的最好方法。人才市場也隨之出現了新的概念，由原來的高學歷、高職稱就是人才，轉向「有需要才是人才」。

科技發展一日千里，市場經濟千變萬化，人才的需求也隨之不斷改變。因此，未來社會只有兩種人：一種是忙得要死的人，因為工作和學習；另外一種是找不到工作的人。來自人才市場的資訊已表明，現在的人才市場對英語人才的需要已經由原先的純英語人才轉向更青睞法律英語、金融英語等複合型人才；IT行業更是如此，由原先的單一IT人才轉向更看重IT＋管理、IT＋產品研發等複合型IT人才。單一型人才的地位眼看難保。

7・致力於學識的增長

對於出生在猶太家族裏的孩子，在他們成長的過程中，他們的母親幾乎都會問他們這樣一個問題：「假如有一天你的房子不幸失火了，你的所有財產眼看著就要毀於一旦，那麼你會帶著什麼東西逃命？」

孩子們少不更事，天真無知，自然會想到錢這個好東西，因為沒有錢哪能有吃的、穿的、玩的？也有孩子說要帶著鑽石或者其他珍寶出逃，有了財寶，還愁缺啥？可這些顯然不是母親們所要的答案。她們會進一步問：「有一種沒有形狀、沒有顏色、沒有氣味的寶貝，你知道是什麼嗎？」要是孩子們回答不出來，母親就會說：「孩子，你要帶走的不是錢，也不是鑽石，而是你的才智。因為才智是任何人都搶不走的。」

「只要你活著，才智就永遠跟著你。」在聰穎、精明的猶太人眼裏，任何東西都是有價的，只有才智才是無價的財富。

猶太人並不是天生比其他種族的人聰明，但他們更懂得如何讓才智這件無價之寶不斷增值。當他們的孩子剛懂事時，母親們就會將蜂蜜滴在書本上，讓孩子去舔書上的蜂蜜，其用意是告訴孩子：書本是甜的。

才智是永恆的財富，它引導人通向成功，而且永不會貧窮。

獲得知識不等於獲得財富，而我們必須將所獲得的知識經過思考與運用成為智慧，才能創造出利潤。「知識經濟」最主要的內涵就是創新。創新是一種智慧資本，通過它才可以獲得更多的財富。

一名日本商人與一名猶太人談判後，猶太人給他留下了終身難以忘記的印象：「那個猶太人太厲害了，那天我們談判了2個多小時，一直是他在不停地說。他給我的印象好極了，他穿著很整潔，講話極有道理，條理極為清晰，態度又極為謙和，他的談話讓我那樣地神往，我簡直不想說任何話，而只是願意聽他來講。老實說，我不是在和他談判而是他在給我上課。」

在這樣博學的對手面前，你會不會覺得發怵呢？

如果有幸成為猶太人的朋友，你和他交談越多，你就越會佩服他的學識淵博了，他談政治、論經濟、說軍事、講歷史，還滔滔不絕地聊體育、娛樂、時事，真是天文地理，無不涉獵，似乎天下沒有他們不通曉的道理。尤其是吃飯的時候，他們的話語更是滔滔不絕，讓你大開眼界。

他們給你講大西洋海域特有的魚群的名字，汽車的各個部件構造和工作原理、植物的分類和品種……你簡直要懷疑他們是不是這方面的專家。

有個西班牙商人，他對猶太商人的經商原則很欣賞並且盡力地學習，於是取得了不小的成功——他的女式手提包的生意十分紅火，在服飾品貿易的經營中也站穩了腳跟，但是看到了猶太人經營鑽石更為賺錢，於是他也想去經營鑽石。他看到身邊不少西班牙人經營的鑽石生意很不景氣，為了避免遭受同樣的命運，他就找到世界著名的鑽石大王瑪索巴士向他請教一些問題，這位鑽石大王是位博學的猶太商人。

鑽石大王聽完他的來意，突然問了他一句：「你知道澳大利亞海域有什麼熱帶魚嗎？」

西班牙人簡直是丈二和尚摸不著頭腦，心想這個鑽石大王問這個幹嗎？這個和鑽石生意有關嗎？

看到西班牙人啞口無言的樣子，這位鑽石大王語重心長地說：「鑽石生意是需要豐富的知識才可以做的，你對這顆鑽石的來源、歷史、種類和品質都不知道，就不知道它的價值。要積累這些判斷鑽石價值的基本經驗和知識就要不斷地學習和積累，至少需要20年，所有相關的知識你都要了解才可以真正培養出市場的眼光。」

西班牙人聽了不禁為自己所知道的知識太少而羞愧不已。他早就知道猶太人是繼承了幾千年祖先的經驗，加上最新的知識才擁有了這樣豐富的學識。他們可以贏得顧客的尊敬和信任，沒有一、二十年的學識和良好信譽根本是不可能的。他自知沒有這麼廣博的知識，很自覺地退出了這個行業。

學識廣博的人就可以放眼世界。猶太人站在經營大師們的肩膀上俯瞰腳下的財富，把自己放在了世界巨富們那裡學習他們最為精髓的賺錢祕訣。

正因為擁有如此淵博的知識，他們才具有高智商的頭腦，從而才在生意中永遠立於不敗之地。在猶太人眼裏，知識和金錢是成正比的；只有豐富的閱歷和廣博的業務知識，在生意場上才能少走彎路、少犯錯誤，這是能賺錢的根本保證，也是一個成功經營者的基本素質。

8．向富人學習

有一個百萬富翁和一個窮人在一起，那個窮人見富人生活得那麼舒適和愜意，於是窮人對富人說：「我願意在您的家裏給您幹活三年，我不要1分錢，但是你要讓我吃飽飯，並且有地方讓我睡覺。」富人覺得這真是少有的好事，立即答應了這個窮人的請求。三年後，服務期滿，窮人離開了富人的家，不知去向何方。

十年又過去了，昔日的那個窮人已經變得非常的富有了，而以前的那個富人相比之下，就顯得很寒酸。於是富人向昔日的窮人請求：願意出10萬塊錢買他這麼富有的經驗。昔日的那個窮人聽了哈哈大笑：「過去我是用從你那學到的經驗賺取了金錢，而今你又用金錢買我的經驗呀！」

原來的那個窮人用了三年時間學到了經驗。於是他獲取了很多財富，變得比那個富人還富有，那個富人也明白了這個窮人比他富有的原因是，因為窮人的經驗已經比他多了。為了自己擁有更多的財富，他只好掏錢購買曾經的那個窮人的經驗。

要想成為富人，就必須先向富人學習——真正的富人便是這樣鍊就成的。

特奧的母親不幸辭世，給他和哥哥卡爾留下的是一個不起眼的零售店。微薄的資金，簡陋的小店，靠著出售一些罐頭和汽水之類的食品勉強經營，一年下來，收入微乎其微。

他們不甘心這種窮困的狀況，一直探索發財的機會，卡爾問弟弟：「為什麼同樣的商店，有的人賺錢，有的人賠錢呢？」特奧回答說：「我覺得是經營有問題，如果經營得好，小本生意也可以賺錢的」。

「可是經營的訣竅在哪裡呢？」

於是他們決定到大街小巷去看看。一天他們來到一家「消費商店」，這家店鋪顧客盈門，生意紅火。這引起了兄弟兩人的注意，他們走到商店的旁邊，看到門外有一張醒目的紅色告示寫道：「凡來本店購物的顧客，請把發票保存起來，到年終可憑發票免費購買發票款額3%的免費商品。」

他們把這份告示看了幾遍後，終於明白這家店鋪生意興隆的原因了。原來顧客就是要貪圖那年終3%的免費購物。他們一下子興奮了起來。

他們回到自己的店鋪，立即貼上了醒目的告示「本店從即日起，全部商品讓利3％，並保證我們的商品是全市最低價，如達不到全市最低價，可到本店找回差價，並有獎勵」。

原來他們不僅借鑒了那個商店讓利3％的做法，還提出了現款交易就可以讓利3％，加上全市最低價的攻勢，自然他們的店鋪很快就門庭若市，生意火爆。他們的店鋪出現了購物狂潮，借這個機會，阿爾迪商店在市裡發展了十幾個店鋪，佔據了幾條主要的街道。此後，憑藉這種「偷」來的經營原則，他們兄弟的店鋪迅速擴大，南到阿爾卑斯山，北到弗倫斯堡，到處都佈滿了密密麻麻的阿爾迪商店。

如果不是他們當初學習別人並加以利用和發揮，是不會發展這麼快的。

富人並不總是天生的，如果你想成為一個富人，便要向已經富有的人學習，根據自身條件，複製他們之所以成為富人的因素。

9．站在巨人的肩膀上

「如果你能給我指出一位百萬富翁，我就可以給你指出一位大貸款者。」─《我如何利用我的業餘時間，把一千美元變成三百萬美元》一書中這麼說。

一切都是可以靠借的，借資金，借技術，借人才。這些為自己所用的東西都可以拿來。

這個世界已經準備好了一切你所需要的資源，你所要做的僅僅是把它們蒐集起來，並用智慧把它們有機地組合起來。

這就是有錢人的思維方式。他們的意思是說，生意人應該儘量貸款，利用銀行的資金為自己辦事，如果你不能借用別人的資金，做生意是極為困難的。

一位出版商有一批滯銷書，當他苦於不能出手時，一個主意冒了出來——給總統送一本，並三番五次去徵求意見。忙於政務的總統哪有時間與他糾纏，便隨口而出：「這本書不錯。」於是出版商便大做廣告：「現有總統喜愛的書出售。」於是這些書就銷售一空。

時間不長，這個出版商又有賣不出去的書，他便又送了一本給總統。總統鑒於上次經驗，想奚落他，就說：「這書糟糕透了。」出版商聞之，靈機一動，又做廣告：「現有總統討厭的書出售。」有不少人出於好奇爭相搶購，書又銷售一空。

第三次，出版商將書送給總統，總統接受了前兩次教訓，便不予回答而將書棄之一旁，出版商卻大做廣告：「有總統難以下結論的書，欲購從速。」居然又被一搶而空，總統哭笑不得，商人大發其財。

「沒有能力買鞋子時，可以借別人的，這樣比赤腳走得快。」

這就是頭腦靈活的致富者，不管怎樣他們都能掙到錢。借用資源是這些人的拿手好戲，只要他們動腦，總能夠成功。

著名的希爾頓從被迫離開家庭到成為身價5.7億美元的富翁，只用了17年的時間。他發財的祕訣就是借用資源經營。他借到資源後不斷地讓資源變成了新的資源，最後成為了全部資源的主人——一名億萬富翁。

希爾頓年輕的時候特別想發財，可是一直沒有機會。一天，他正在街上轉悠，突然發現整個繁華的優林斯商業區居然只有一個飯店。他就想：我如果在這裏建設一座高檔次的旅店，生意準會興隆。於是，他認真研究了一番，覺得位於達拉斯商業區大街拐角地段的一塊土地最適合做旅店用地。他調查清楚了這塊土地的所有者是一個叫老德米克的房地產商人之後，就去找他。老德米克給他開了個價，如果想買這塊地皮就要希爾頓掏30萬美元。

希爾頓不置可否，卻請來了建築設計師和房地產評估師給他的「旅館」進行測算。其實，這不過是希爾頓假想的一個旅館，他想知道按他設想的那個旅店需要多少錢，建築師告訴他起碼需要100萬美元。

希爾頓只有五千美元，但是他成功地用這些錢買下了一個旅館，並不斷地使之升值，不久他就有了五萬美元，然後找到了一個朋友，請他一起出資，兩人湊了10萬美元，開始建設這個旅館。當然這點錢還不夠購買地皮的，離他設想的那個旅館還相差很遠。許多人覺得希爾頓這個想法是癡人說夢。

希爾頓再次找到老德米克，簽訂了買賣土地的協定，土地出讓費為30萬美元。然而就在老德米克等著希爾頓如期付款的時候，希爾頓卻對土地所有者老德米克說：「我想買你的土地，是想建造一座大型旅店，而我的錢只夠建造一般的旅館，所以我現在不想買你的地，只想租借你的地。」

老德米克有點發火，不願意和希爾頓合作了。希爾頓非常認真地說：「如果我可以只租借你的土地的話，我的租期為100年，分期付款，每年的租金為3萬美元，你可以保留土地所有權，如果我不能按期付款，那麼就請你收回你的土地和在我這塊土地上所建造的飯店。」老德米克一聽，轉怒為喜，「世界上還有這樣的好事，30萬美元的土地出讓費沒有了，卻換來270萬美元的未來收益和自己土地的所有權，還有可能包括土地上的飯店。」於是，這筆交易就談成了，希爾頓第一年只需支付給老德米克3萬美元，而不用一次性支付昂貴的30萬美元。就是說，希爾頓只用了3萬美元就拿到了應該用30萬美元才能拿到的土地使用權。這樣希爾頓省下了27萬美元，但是這與建造旅店需要的100萬美元相比，差距還是很大的。

於是，希爾頓又找到老德米克，「我想以土地作為抵押去貸款，希望你能同意。」老德米克非常生氣，可是又沒有辦法。

就這樣，希爾頓擁有了土地使用權，於是從銀行順利地獲得了30萬美元，加上他已經支付給老德米克的3萬美元後剩下的7萬美元，他就有了37萬美元。可是這筆資金離100萬美元還是相差得很遠，於是他又找到一個土地開發商，請求他一起開發這個旅館，這個開發商給了他20萬美元，這樣他的資金就達到了57萬美元。

一九二四年5月，希爾頓旅店在資金缺口已不太大的情況下開工了。但是當旅店建設到了一半的時候，他的57萬美元已經全部用光了，希爾頓又陷入了困境。這時，他還是來找老德米克，如實介紹了資金上的困難，希望老德米克能出資，把建了一半的建築物繼續完成。他說：「如果旅店一完工，你就可以擁有這個旅店，不過您應該租賃給我經營，我每年付給您的租金最低不少於10萬美元。」

這個時候，老德米克已經被套牢了，如果他不答應，不但希爾頓的錢收不回來，自己的錢也一分都回不來了，他只好同意。而且最重要的是自己並不吃虧——建希爾頓飯店，不但飯店是自己的，連土地也是自己的，每年還可以拿到10萬美元的租金收入，於是他同意出資繼續完成剩下的工程。

一九二五年8月4日，以希爾頓名字命名的「希爾頓旅店」建成開業，他的人生開始步入輝煌時期。希爾頓就是用借的辦法，用五千美元在2年時間內完成了他的宏偉計畫。不能不說他是善於利用別人的高手。

牛頓曾經說過：「我的成功只是因為站在了巨人的肩膀上。」在追求財富與夢想的現實社會中，學會「站在巨人的肩膀上」將是你獲取財富的最好捷徑之一。

10．財源滾滾的前提是讀懂市場

在投資領域，真正賺大錢的人，有一個共同點：有前瞻性。因此，要做好個人投資理財，首先要成為一個關注國際、國內宏觀形勢並熟悉國際、國內宏觀形勢的人，這樣才能真正理好財。

霍英東在投資中總是能準確讀懂市場信號，是一位具有遠見卓識的戰略投資者。他在改革開放初期便進入內地投資，而且在廣東投資的許多項目也都具有開創性，影響深遠。

霍英東是首個在內地做中外合作酒店的人。一九七九年，霍英東得知政府要在廣東中山縣翠亨村開闢旅遊區，於是他就立刻想到，這裏將會有大批海外遊客前來觀光旅遊，肯定需要一個高檔次能吃能住的地方，於是霍先生投資一千五百萬港元，在旅遊區建了一個溫泉賓館，這是內地第一個中外合作興建的酒店。後來看好賓館旅遊業的他，又在廣州投資興建了一家五星級賓館。這家賓館後來在20年合作期滿後，資產達到了逾20億元。

在大陸改革開放初期，霍英東就看準大勢，提出了修路與修橋的重要性，即「路通——橋通——財通」六字名言。並且在後來的開發建設過程中，他始終強調這一點的重要性。後來他還有預見性地提出「以路養路」、「以橋養橋」的做法。這些提議很快就在全國各地推廣試用，取得了很好的效果。而且為全國各地的開發建設打下了堅實的基礎，吸引了大量外來投資，為經濟快速發展，作出了寶貴的貢獻。同時也為中國的發展帶來巨大的經濟效益。

有些投資者由於看不準大勢，沒有前瞻性，在市場中屢戰屢敗。張太太是個老股民，可是多年來卻很少賺錢。每次熊市，股價見底的時候，張太太都不敢出手。可是隨著股指的上行，股民贏利的增加，張太太開始膽大，並且往往是越來越大；到了牛市的高峰期，甚至頭腦發熱到把家裏所有的錢都投到股市中來。

任何投資道理其實都是相通的，在投資中一方面要求投資人有看大勢的「慧眼」，另一方面還要求有在低位力排眾意、敢於逆市的勇氣。高位要有不戀小利、甘於澹泊明志的自制力。由此看來，在股市投資裏要想獲大利的話，必須能夠看清股市發展大勢、行業發展大勢，然後再出手。

年紀輕輕的孟小姐總能準確地把脈市場，她看到商業大樓裏公司眾多，員工眾多，於是就在一個商業大樓以每年6萬元的價格買下了該大樓樓頂平臺的使用權，並利用該平臺開了一家速食店。每到中午，大樓上上下下的公司職員便會將這個空中餐廳擠得水泄不通，這麼好的人氣，賺錢絕對輕而易舉。這就好比當年淘金大潮中，真正挖到黃金發了財的人是少數，而賣鐵鍬的卻都賺得囊袋鼓鼓。

同是基金投資者，可是命運卻迥然不同。

黎醫生和孫醫生都在某醫院工作，是同事，兩人關係還不錯。前兩年看到基金有升值動向，於是孫醫生就決定投資基金。他覺得股市處在價格低谷，此時投資股票型基金未來回報率應該不會錯，而且自己工作忙沒時間老盯著大盤，而投資基金有專家幫忙替自己看著。

孫醫生投資之後沒出半年，股市大漲，基金翻番，孫醫生獲得了高於100%的回報。同事黎醫生看著眼熱，也去投資，可是入市不謹慎，必會有惡果。由於入市時機不對，不久就趕上「黑色星期二」，被套牢了。

孫醫生之所以能夠在投資中獲利，是因為他讀懂了股市，抓住了投資機會，沒有久跌的市場，也沒有總漲的市場，巧妙打個時間差，不但掙到了錢，還掙個好心情。

即使是在投資領域的牛市行情下，房產投資者也應該在投資之前認清房產投資前景，看準要投資地塊的周圍環境、升值潛力和幾年以後的市政規劃大方向。如果打算長期投資，還要關注附近房租情況、物業、便民配套措施以及周圍居民的整體素質定位等。

作為房產投資人要想投資前看對市場，除了看價格、地段、交通等配套外，還應該和周邊的大型產業規劃結合起來，這樣才能對投資前景作出比較準確的估量。

趙先生出國留學回來後一直擔任外企高級管理職務，7年來積蓄的薪水應該是一筆可觀的數目，但趙先生的財務狀況一直很糟，照他自己的話講，個人投資是「屢戰屢敗」。

他在股市有十幾萬資金被套，參股朋友的火鍋店又經營失敗，年初新買入的10多萬元開放式基金，目前還跌在面值以下。

痛定思痛，趙先生認真反省自己投資理財的失誤：一是對投資產品不了解，就貿然投入風險係數高的產業；二是對市場節奏把握不準。

儘管市場頻頻波動，趙先生的心情卻平靜了許多。他仔細調整了自己的投資方向，從風險型轉向穩健型。同時認真研究市場走向，使投資小有收穫。他從日常工作往來中感覺到美元有升息的可能，就買了些美元，結果成為了此後兩次升息的受益者。

此外，趙先生還敏感地捕捉到宏觀調控後銀行資金相對收緊的情況，果斷地投資了以金融同業拆借收益為主要投資方向的貨幣市場基金，年收益率從1.7％穩步提高到近期的2.7％，同時還保證了資金良好的流動性。因此，趙先生給自己總結出一條「財商」：逆境也有理財機會，關鍵要踏準市場節奏，抓住市場大方向。

11．不為學歷瞎忙

很多成功的商人、公司的高級主管以及經理人員往往才華出眾，在各自業務領域內出類拔萃。但這並不表明他們上學時成績拔尖、名列前茅。

日本西武集團主席堤義明認為，學歷只是一個人受教育時間的證明，不等於一個人有多少實際的才幹。日本索尼公司董事長盛田昭夫在總結自己的成功時，曾寫過一本書，叫《讓學歷見鬼去吧》（中文版：學歷無用論）。盛田昭夫提出要把索尼公司的人事檔案全部燒毀，以便在公司裏杜絕學歷上的任何歧視，阻礙公司的發展。他在索尼公司大力提倡不論學歷高低，只比能力大小的做法。

這個世界上最富有的幾個人，都沒有高學歷。大學教育已經讓你「吸收了太多東西，以為自己懂得太多」，從而阻礙了你的成功。

富人的主張是：不要為學歷瞎忙。千萬不要在乎自己的學歷，高學歷並不代表著高成功率，學歷代表過去，能力代表將來。不要因為自己沒有高學歷而自卑，更不要因為自己的高學歷而沾沾自喜，故步自封。

如下是富人認為的在學校學不到而又極為重要的十一件事情：

1．生活是不公平的，要去適應它。

2．這個世界並不會在意你的自尊。它指望你在自我感覺良好之前，就先要有所成就。

3．大學剛畢業你不會馬上擁有百萬年薪，你不會成為一個公司的副總裁，並擁有一部價值百萬以上的名車。

4．如果你認為你的老師嚴厲，等你有了老闆再這樣想吧！老師還有年級分別，老闆可是沒有任期限制的。

5．烤地瓜並不有損你的尊嚴。你的祖父母對烤地瓜可有不同的定義，他們當時稱它為機遇。

6．如果你陷入困境，那不是你父母的過錯，所以不要抱怨他們，要從中汲取教訓。

7．在你出生之前，你的父母並非像他們現在這樣乏味。他們變成今天這個樣子是因為這些年來一直在為你付賬單，給你洗衣服，聽你大談如何才叫酷。

8．你的學校也許已經不再分優等生和劣等生，但生活卻仍在作出類似區分。在某些學校已經廢除不及格的分數，只要你想找到正確答案，學校會給你無數次機會。這和現實生活中的任何事情沒有一點相似之處。

9．生活不分學期。你並沒有暑假可以休息，也沒有幾位雇主樂於幫你發現自我。自己找時間做吧！

10．電視不是真實的生活。在現實生活中，人們實際上再晚也得離開酒吧，明天一大早還要去幹活的啊！

11．善待乏味的人。有可能到頭來你會為一個乏味的人工作。

第三章

富人堅守一生的理財理念

有一個故事，說固執者、迷糊蛋、懶骨頭和聰明人四個人結伴出遊，結果在沙漠中迷了路，這時他們身上帶的水已經喝光，正當四人面臨死亡威脅的時候，上帝給了他們四個杯子，並為他們祈來了一場雨。但這四個杯子中有一個是沒有底兒的，有兩個盛了半杯髒水，只有一個杯子是拿來就能用的。

固執者得到的是那個拿來就能用的好杯子，但他當時已經絕望之極，固執地認為即使喝了水，他們也走不出沙漠，所以下雨的時候，他乾脆把杯子口朝下，拒絕接水。迷糊蛋得到的是沒有底兒的壞杯子，他根本就沒有發現自己杯子的缺陷。結果，下雨的時候杯子成了漏斗，最終一滴水也沒有接到。懶骨頭拿到的是一個盛有髒水的杯子，但他懶得將髒水倒掉，下雨時繼續用它接水，雖然很快接滿了，可他把這杯被污染的水喝下後卻得了急症，不久便不治而亡。聰明人得到的也是一個盛有髒水的杯子，他首先將髒水倒掉，重新接了一杯乾淨的雨水，最後只有他自己平安地走出了沙漠。

其實，上面這個寓言故事影射了諸多理財理念：固執者大多會選擇儲蓄，認為風險較小，而不願嘗試新的理財方式，以致資金無法實現利潤最大化；迷糊蛋隨手花錢，不懂得管理自己的資產，以至於囊中羞澀，甚至負債累累；懶骨頭學會了投資理財，但是方法不正確，他不願意及時清理手中的不良資產，導致新投入的資產也被拖累變成了不良投資；只有聰明人懂得如何清理掉不良資產，同時接受新的投資理財方式，讓資產不斷保值增值。

1．腳踏實地才能長期地賺大錢

富有傳奇色彩的羅傑斯一直成功地扮演著投資領域裏「大眾情人」的角色。羅傑斯的投資天分在他6歲的時候就已經展露出來。當年羅傑斯向爸爸借了100美元，買了個花生烘乾機，然後在籃球聯賽上出售飲料和花生，5年後，他不僅收回了成本，還獲利100美元。

從耶魯和牛津畢業後，羅傑斯攜手索羅斯，兩個投資奇才共同創立了「量子基金」。隨後的10年裏，量子基金的複合收益高達37%，遠遠超過了同期巴菲特的29%和彼得·林奇的30%。

一九八〇年，羅傑斯跟索羅斯分道揚鑣之後，羅傑斯開始分批買入當時西德股市的股票，持股三年後，一九八五年與一九八六年羅傑斯將西德股市的股票分批賣出，僅僅三、四年的時間，就獲得三倍利潤。

當時西德的市場情況是，從一九六一年一直到一九八二年8月，其股市完全無視這21年來西德經濟的持續蓬勃發展，從來沒有出現過多頭市場。因此，羅傑斯認為，西德股市極具快速增長的爆發力，此時投資西德股市股票的話，肯定可以確保不賠錢。

在看準西德股市的總體投資大環境後，羅傑斯又感到了當時的西德大選將是西德股市迸發的契機。果然不出羅傑斯所料，在基督教民主黨贏得大選的當天，西德股市果然大漲，羅傑斯取得了巨大成功。

奧地利股市是很少能引起外界關注的，但是羅傑斯卻沒有忽視它。一九八四年，奧地利股市暴跌到一九六一年的一半時，羅傑斯第一時間親自前往奧地利進行實地考查。經過細緻入微的調查研究後，他感到賺錢的機會馬上就要來了，於是羅傑斯毫不猶豫地大量購進奧地利企業的股票和債券。第二年，奧地利股市如羅傑斯所估算的那樣，竟然起死回生了，而且股市指數竟然在暴漲中上升了145％，見好就收的羅傑斯滿載而歸，並從此被崇拜者敬稱為「奧地利股市之父」。

對於投資，羅傑斯有自己獨到的感悟。他認為投資中沒有什麼固定的規則，每個投資者都應該找到最適合自己的投資方式。羅傑斯本人就比較喜歡買進那些不太受人關注的而且股價便宜的股票。但是作出偏離大眾路徑的選擇是非常需要信心和勇氣的。羅傑斯並不是隨意追求個性在股市中尋找另類感覺的投資者，他的選擇是建立在扎實的研究和分析的基礎之上的。羅傑斯常常奉勸急於求成的投資者：如果想要長期地賺大錢一定要腳踏實地。

雖然在金融界叱吒一生，但是羅傑斯始終認為自己並不是依靠天分和聰明，他說自己確實是在非常、非常地勤奮工作，如果一個人能非常敬業、非常努力地工作，同時也對自己所從事的工作非常感興趣，就離成功很近了；羅傑斯認為自己有足夠的把握可以保證，市場永遠是錯的，如果不作獨立思考，始終抱著羊群心理，肯定會輸給市場；他還奉勸那些盲目的投資者在知道自己在做什麼之前，最好什麼也別做。他承認自己從來都不抱有暴富心理，他給自己定的目標竟然是絕不賠錢，做自己熟悉的事，等到發現大好機會才投錢下去；對他來說等待遠遠好於盲目投入，在平常時間，最好靜坐，愈少買賣愈好，永遠耐心地等候投資機會的來臨。這些看似簡簡單單、平平淡淡的話，就是這位大師投資時的至理法寶。

2．只要有錢就拿去做投資

一個窮人在路上撿到一個雞蛋，回來後，他便高興地對妻子說：「我們可以致富了，我們現在有了一個雞蛋，我們可以借鄰居家母雞把這個蛋育成小雞，小雞長大又生蛋，再孵小雞，再買牛，賣得的錢可以放債，日復一日，年復一年，我們就可以得到更多的錢……」

從這個寓言故事中可悟出一個道理：如果這個人不把得到的蛋拿去孵雞，而是吃掉，恐怕就難以實現創富目標。社會上確有一些先富起來的人，只顧眼前，不思長遠，總想把「雞下的蛋」吃光，盲目攀比、盲目消費，就像夢中發了橫財，不知如何是好，於是就嫖、就賭、就吸毒、就比賽燒鈔票，而沒有想去擴大實業、拓展生意。富人從來不會把生財的「雞蛋」吃掉，他們深知，錢再多也是有限的，坐吃必然導致山空。錢財只有流通起來才能賺取更多的利潤，才能使優裕的生活得到保證。

美國和前蘇聯成功地發射了載人飛行的火箭，讓世界感到震動。其他一些國家認為，這可是提升國力、擴大國際影響的極有效手段，也紛紛準備效仿。但任何國家都不具備單獨發射火箭的實力，於是，德國、法國和以色列三國便商議要聯合擬訂一個載人飛船月球旅行計畫。當火箭和太空艙都造好了的時候，他們便開始在這三個國家挑選飛行員。一名德國人首先應徵。工作人員在考察了他的條件後問：

「你準備索要什麼樣的待遇作為報酬？」

德國人回答說：「我要三千美元的報酬。」

工作人員又問：「你要這些錢，打算怎麼花呢？」

德國人說：「我是打算把一千美元留著自己用；一千美元送給妻子；一千美元作為購房基金。」

接下來是法國人參加應徵。法國人索要的報酬是四千美元。他說，除了德國人所想到的那些支出外，他還需要一千美元送給自己的情人。

最後輪到以色列人了。以色列人開出的條件是五千美元。他對主持應聘的人說：「拿到這筆錢後，一千美元給你，一千美元給我，其餘三千美元，我將雇那個德國人來飛行！」

也許你會說故事中的猶太人太過狡猾，但卻反映出了猶太人一有錢就用來投資的理念，正是這種理念讓猶太富翁比比皆是。

一位成功致富的人士曾對資金做過這樣的比喻：資金和企業如同血液與人體。他告訴我們，即使一個已擁有一定財富的人，如果把錢用於盲目的消費，而不願意用來周轉，那麼對於未來的事業來說，就像人體有了充分的血液，但心臟已經壞死，不再能夠促進血液循環一樣，其事業也會靜止不動而死亡。只有把手中的錢再合理地運用到經營投資活動中，才能獲得更高效益，賺到更多的錢。

3．不錯過任何一個可能賺錢的契機

很多巨富曾經一貧如洗，但是，他們有一股破釜沉舟的精神，有準備地抓住了難得的投資機遇，因此擺脫了貧窮，賺到了大錢。

在現實投資中，很少有人願意把買車的錢用來投資，很少有人願意用買房的錢來租辦公室。窮人與富人的區別就在於：富人能夠在必要的時候傾盡所有，全力以赴，而窮人則總捨不得拿出存款來投資。

劉程也是一名成功的創業者，如今他對破釜沉舟有了更透徹的理解。當年劉程憑著年輕人特有的創業衝動和激情，與合夥人共同出資6萬元，在一個破舊的出租屋裏成立了自己的裝潢公司，開始了自己的創業之旅。那年，剛滿26歲的他原本是一名令人羨慕的國企職工。可他硬是憑著一股衝勁、一股激情辭掉了工作，開創起新生活。

由於資金不多，名氣不大，事業起步初期真是舉步維艱，可是劉程已經沒有後路可退，一旦失敗將會落入懸崖。可是市場從來不相信眼淚，辛苦一年之後，等待劉程的依然是不幸虧損，到了第二年，公司資金已經只剩五千元。

在旁人嘲笑的目光中，劉程反思自己，他明白了要想創業光有勇氣還遠遠不夠，於是他開始認真思索自己的行銷策略。

這年9月，他們的公司重新開業。劉程果斷決定為公司打廣告，但僅這一項，就花去四千八百元，這時公司已經是沒有任何資金了，如果廣告策略失敗，劉程就只能鎖門走人了。但廣告還是起了作用，就在重新開業的第一個星期，就來了一個裝修大客戶。

這名客戶剛剛購買了一棟別墅，準備用40萬左右資金進行裝修，當他知道劉程從來沒搞過這樣的專案後有了些許猶豫，但在充分溝通之後，他覺得憑著劉程的專業和責任心，把這個工程交給劉程應該可以放心。

一窮二白的劉程雇不起設計師，只能凡事自己操刀，自己畫圖紙，自己選材料，自己到施工現場指揮施工。三個月後，這個工程圓滿結束，客戶非常認可。當然，這次成功對於劉程而言，他不只收穫到工程款，還收到了客戶的信任和自己的信心。

接下來的幾年正趕上房地產業迅速發展，家裝業蓬勃興起，劉程的心路又開始了新一輪的飛揚，他決定讓公司多元化發展。這就是要將巨大的資金投入一個全新領域，如果出現任何偏差都會導致資金鏈的斷裂，可是劉程又一次把自己推到懸崖邊緣。彷彿他對於冒險有著一種偏愛。

事實上，如果你片面理解劉程的破釜沉舟為砸鍋賣鐵、孤注一擲，那就大錯特錯了。投資者光有匹夫之勇解決不了問題。現在做事情要有充分的市場調研，科學的預測，在此基礎上還要加上投資者的勇氣，不懈努力才能達到自己的目標。破釜沉舟是一種自信，也是一種對投資領域的把握。貧窮並不可怕，可怕的是貧窮帶來的不自信，可怕的是貧窮磨滅了投資者拼搏的勇氣。

4・高效運籌時間

猶太人認為，時間是有限的，金錢是無限的，用有限的時間去追逐無限的金錢，結果只能受到時間和金錢的雙重壓迫。此外，錢可以再賺，商品可以再造，可是時間是不能重複的。因此，時間遠比商品和金錢寶貴。

在美國紐約，有一位智者戴了一支手錶，背面刻著「愛惜光陰」四個字，他把這手錶拿給學生們看，學生們不以為然，說是老套而已，根本沒有什麼新奇的。

智者見學生們無動於衷，就戴回手錶說：「美國有一句俗話，叫『時間就是金錢』。我認為這種說法是不對的。因為這句話很容易使人誤會。假如說時間就是金錢，那我們就只能想到兩種情況：一種是不知如何運用時間的人，另一種則是不知如何運用金錢的人。其實，就價值而言，時間遠比金錢貴重。金錢可以儲蓄並生息，而時間卻絲毫不停腳步，而且一去不復返。

「『時間就是金錢』這句話，應該改為『時間就是生命』，或者『時間就是人生』。」智者這麼一解釋，學生們都覺得很有道理。

一位猶太商人說：「恰當地把握好時間，還可以使金錢『無中生有』」。

南非首富巴奈・巴納特剛到倫敦時是一個一文不名的窮小子，他帶了40箱雪茄煙到了南非，用雪茄煙做抵押，獲得了一些鑽石。在短短的幾年中，他成了一個富有的鑽石商人和從事礦藏資源買賣的經紀人。

巴納特的贏利有一個週期性變化的規律，這就是每個星期六是他獲利最多的日子。其奧祕就是，他巧借了星期六這天銀行較早停止營業的時間差，然後將鑽石售出，用所得款項在自己的帳號上存入足夠兌付他星期六開出的所有支票。這樣，在沒有侵犯任何人合法權益的前提下，調動了遠比他實際擁有的資金多得多的資金。

人生所有事功的建立都是以時間的存在為前提的，富人在賺錢的時候總會合理使用時間，通過對時間的高效運籌加速自己的財富積累進程。

如果你對上天公平給予每個人24小時的資源無法有效管理，不僅可能和理財投資的時機失之交臂，人生甚至還可能終至一事無成，可見「時間管理」對現代理財人的重要性。想向上帝「偷」時間既然不可能，那麼學著自己「管理」時間，把分秒都花在「刀口」上，提高效率，才是根本的途徑。

「忙」、「沒有時間」只是藉口而並非真實，如果聰明才智相仿，而工作時數比別人長，績效（薪水、所得、職位、成就）卻不比別人好，那就該好好檢討，是不是沒有充分發揮時間效率？

在心理上必須建立一個觀念，力求「聰明」工作，而不是「辛苦」工作。例如，別人6個小時可做到的事，你想辦法把它在4個小時之內完成。以追求最高的時間績效為目標，假以時日，時間自然在你掌握中！

時間管理與理財的原理相同，既要「節流」還要懂得「開源」。要「賺」時間的第一步，就是全面評估時間的使用狀況，找出所謂浪費的零碎時間。第二步，就是予以有計劃地整合運用。首先列出一張時間「收支表」，以小時為單位，把每天的行事記錄起來，並且立即找出效率不高的原因，徹底改善。第三步，把每日時間切割成單位的收支表做有計劃的安排，切實去達成每日績效目標。

「時間是自己找的」，當你把「省時」養成一種習慣，自然而然就會使每天的24小時達到「收支平衡」的最高境界，而且還可以「遊刃有餘」地利用「閒暇」的時間去喝杯咖啡、看一本自己喜歡的書。

如果你是搭公共運輸工具的上班族，平均一天有2個小時花在交通工具上，一年就有一個月的時間待在車裏。那麼試想你如何去利用這一個月的時間？一個月可做的事情很多，問題是你怎麼做？

要占時間的優勢，就要積極地「憑空變出」時間來，以下提供一些有效的方法，讓你輕鬆成為「時間的富人」。

1‧儘量利用零碎時間 坐車或等待的時間拿來閱報、看書、聽空中資訊。利用電視廣告時間處理洗碗、洗衣服、拖地等家事。不要忽略一點一滴的時間，儘量利用零碎時間處理雜瑣事務。

2‧改變工作順序 例如，做飯時，先洗米煮飯、煮湯，再來洗菜、炒菜，等菜上桌的同時，飯、湯也好了。稍稍改變一下工作習慣，能使時間發揮最大的效益。此種「時間共用」的作業方式可在工作中多方嘗試，而「研究」出最省時的順序。

3‧先做清單，一次完成 a.購物前列出清單，一次買齊。b.拜訪客戶時，選擇地點鄰近的一併逐戶拜訪。c.較無時效性的事務亦以地點為標準，集中在同一天完成，以節省交通時間。

4．工作許可權劃分清楚，不要凡事一肩挑　學習「拒絕的藝術」，不要浪費時間做別人該做的事，同事間互相幫忙偶爾為之，不要因「能者多勞」而做濫好人。辦公室的工作各有分工，家事亦同，家庭成員都該一起分擔，上班族家庭主婦不要一肩挑。例如，先生的書房、車子；小孩的房間、玩具要求他們自己清理，家事也要分工負責，把省下的時間用來自我充實，做個「新時代的魅力主婦」。

5．善加利用付費的代勞服務　銀行的自動轉賬服務可幫你代繳水電費、瓦斯費、電話費、信用卡費、租稅定存利息轉賬等，多加利用，可以節省舟車勞頓與排隊等候的時間。

6．以自動化機器代替人力　辦公室的電話聯絡可以傳真信函、電子郵件取代，一方面可節省電話追蹤的時間內容又有憑據，費用亦較省。而且傳真信、電子郵件簡明扼要，比較起電話聯絡須客套寒暄才切入主題，節省許多無謂的「人力」與時間。

家庭主婦亦可學習美國婦女利用機器代勞的快速做家事方法。例如，使用全自動單筒洗衣機、洗碗機、吸塵器、微波爐等家電用品，可比傳統人力節省一半的時間，十分可觀。

5．工作不是為了賺取工資

將到而立之年的張博儀在臺灣一家保險公司擔任理賠員，月薪4萬元（新臺幣，下同），由於具備很強的憂患意識，從中學開始，張博儀就積極「向錢看」，告訴自己要努力賺錢，以致在尚未到達30歲之前，就累積了近千萬元的資產。

張博儀的創業史最早要溯回到高中時期，高二時，張博儀找人維修電腦，結果，人家只敲了幾個鍵盤，就收他八百元，他一個禮拜的伙食費、零用錢就這麼沒了。剛開始，他覺得自己被騙了，後來開始仔細研究，這錢為什麼這麼好賺？於是，他開始學習電腦維修與組裝，組裝一台電腦最多可賺七千元。靠著幫同學和朋友維修、組裝電腦，他每個月多了一萬多塊的收入。

這麼努力賺錢，只因為這個不愛念書的小孩，想要證明「自己是個有用的人」。他一直有個願望：「希望母親提到我時是驕傲的！」

這樣的心境，源自早年家道中落的苦日子。張博儀原本家境富足，父親是軍人，母親是西裝師傅，收入穩定。但父親退伍後多次創業失敗，結果賠掉了兩套房，全家變成租房一族，還常常被人追債，過年也只能吃泡麵……

這段苦日子讓張博儀告訴自己：「錢很重要，沒人想過苦日子！」他還把買房子當成人生重要的奮鬥目標。「有房子、有地，人家就覺得你有錢！」——這個目標在他大二時就得以實現了。

張博儀20歲時剛進大學，當同學們忙著熟悉環境、參加社團時，他就在盤算，從高中開始掙的錢差不多有30萬元了，可不可以買套房子？張博儀與母親商量後，雖然媽媽不放心，但是看著兒子這麼堅持，最終還是答應了他。

有了這30萬元做底，加上張博儀進大學，奶奶給了他10萬元作為獎金，靠著這40萬元，才念大一的張博儀開始研究房地產。有一次他上網看到一套被法院拍賣的房子，售價不到200萬元，算一算，首付不到40萬元。這嚇了他一跳：這些便宜的房子，可以成為自己地產投資的入門練習。

於是，在淡水念書的張博儀，把網上可以找得到的淡水地區法院拍賣房屋的資訊全抄下來，每天一下課就去觀察地形、探查房價。他還買了一本房屋買賣的書籍研讀，書中提到要向大樓管理員打聽房屋狀況等，張博儀就去找大樓管理員聊天。

在和大樓管理員聊天的過程中，張博儀結識了房地產投資客黃石蘭，開始跟著他跑法院、四處看房。同學們蹺課去看電影、約會，張博儀蹺課跟著黃石蘭去搶購被拍賣的房產。

就這樣「見習」了一年，在21歲生日前夕，才念大二的張博儀，以總價183萬元在淡水新春街買下一套被法院拍賣的房。買下這套房後，張博儀把它重新分隔，除了自住外，還分租給同學，從此開始了「包租公」生涯。

半年後，眼見房價上漲，張博儀以250萬元賣出了這套房子，還清房貸後賺到了他人生中的「第一桶金」。這讓他下定決心，靠房地產累積財富。在張博儀的意識裏，他認為領人薪水不會有錢，工資只能單純應付生活，現在領4萬元，三年後領5萬元，就這樣了。沒有錢投資，你跨不出致富的第一步！

此後，張博儀投資的腳步更積極。七年多來，他買賣了10多套房子。為了降低房子租不出去的風險，張博儀買房，儘量挑大學附近的房子，然後打出「帶衣服、課本入住即可」的廣告語。他凡事都自己來，貼地磚、刷油漆、買打折的低價商品，讓每套房子裏都有全套家具和電器，能上網。他奉行「低租金策略」，租金保持超低價，讓房子始終滿租。

大學畢業當完兵，張博儀發現，計程車輛和出租房屋類似，都可以賺進穩定的現金流。為了解行規，他轉行到租車行去當理賠員，此後又跳槽到保險公司，學習處理車禍理賠等，還買了一輛二手車，準備打造第二份租金收入。

現在，張博儀名下有兩套房子，銀行帳戶內有250萬元，連同儲蓄保險，合計資產近千萬元，扣除房貸後的淨資產也超過600萬元。

這個年輕的「包租公」，在買下第三套房子時，就已經得到了母親讚許的眼光，但他努力賺錢、省錢、存錢的腳步沒有停下，因為此刻離他的存錢目標五千萬元，還有一段很大的距離。

張博儀的理財習慣

(1)工作不是為了賺取工資，而是為了學習知識、收穫經驗。
(2)設定清晰的目標，準備好才出手，不達目的不甘休。
(3)學習控制風險，進行任何投資前都想：即使賠光也不能對生活有影響。
(4)有了錢，更要控制花費。
(5)用心發展人脈網路，會賺錢的長輩就是「資產」。

6・一定要讓錢滾動起來

從前，有一個很有錢的富翁，他準備了一大袋的黃金放在床頭，這樣他每天睡覺時就能看到黃金，摸到黃金。

但是有一天，他開始擔心這袋黃金隨時會被小偷偷走，於是就跑到森林裏，在一塊大石頭底下挖了一個大洞，把這袋黃金埋在洞裏面。隔三差五地，這個富翁就會到森林裏埋黃金的地方，看一看、摸一摸他心愛的這袋黃金。

有一天，一位歹徒尾隨這位富翁，發現了這顆大石頭底下的黃金，第二天就把這袋黃金給偷走了。富翁發覺自己埋藏已久的黃金被人偷走之後，非常傷心，正巧森林裏有一位長者經過此地，他問了富翁傷心欲絕的原因之後，就對他說：「我有辦法幫你把黃金找回來！」

話一說完，這位森林長者立刻拿起金色的油漆，把埋藏黃金的這顆大石頭塗成黃金色，然後在上面寫下了「一千兩黃金」的字樣。寫完之後，森林長者告訴這位富翁：「從今天起，你又可以天天來這裏看你的黃金了，而且再也不必擔心這塊大黃金被人偷走。」

富翁看了眼前的場景，頓時傻眼了……是啊！如果只是將擁有的錢財埋於地下、不時地拿出來看一看，錢財與石頭有什麼區別？

真正的富人不會像儲存物品一樣，只將已有的金錢存著不動，他們會將大部分用於投資，讓大錢生出更多的小錢。這是因為資金存在一個時間價值，導致資金的此時價值變得不同於彼此價值。

那麼，什麼是資金的時間價值呢？

首先要說明的是，資金的時間價值是資金在周轉使用中產生的，而在通常情況下，資金的時間價值相當於沒有風險和沒有通貨膨脹條件下的社會平均資金利潤率。投資活動總是或多或少地存在風險，通貨膨脹也是市場經濟中客觀存在的經濟現象。因此，利率不僅包含時間價值，而且也包含風險價值和通貨膨脹的因素。

終值與現值

終值是現在一定量現金在未來某一時點上的價值，俗稱本利和。比如存入銀行一筆現金100元，年利率為複利10％，經過三年後一次性取出本利和133.10元，這三年後的本利和133.10元即為終值。

現值是指未來某一時點上的一定量現金折合為現在的價值。上述三年後的133.10元折合為現在的價值為100元，這100元即為現值。

我們把現值（PV）和終值（FV）之間的關係，用利率K和期數t來表示為：

$$FV = PV(1+K)^t$$

終值

例如，今天的100元（FV），在通貨膨脹率為4％（K）情況下，相當於10年（t）後的多少錢呢？答案是148元左右，也就是說，10年後的148元，才相當於今天的100元。

由此來看，資金的價值是不斷貶值的，如果你想成為富人，如果你想長期成為富人，便要讓錢滾動起來，通過一些投資手段獲得更多的金錢。

7．絕不忽視小錢

經過金融海嘯洗禮，不少人懂得「回歸基本步」，其實最簡單的小生意也可以讓人致富。當華爾街正被愁雲慘霧籠罩的時候，一位白髮蒼蒼的老人和他的雜貨攤照常出現在繁華紐約的某個街角，頂著早晨7點的陽光，開始忙碌的一天。

JoeAdes今年74歲，在紐約街頭擺地攤，身穿值一千美元的服裝，賣的卻是一把5美元的削馬鈴薯成條狀的小工具。他白天在街頭賣零碎雜物，晚上卻住在曼哈頓Park大道的豪華公寓，用餐則前往高級餐廳，而每天早上他準時拉著小車上街賣貨，一週六天，風雨無阻。沒錯，這又是一個勵志的傳奇，卻也在強調一個路人皆知的道理，那就是「堅持」。

JoeAdes從事小本生意60年，可以說是世上最成功的推銷員之一，人們形容他「能夠把一頭正撲向肉的餓狗，拉回來買他的東西」，如今得到的一切就是他60年來耐心積累的回報。他笑著說，「不要以為5美元只是很少的錢，只要積少成多，你最終還是會成為有錢人的。」

沒有小錢就不會有大錢，那些財商較高的人懂得用小錢去賺大錢，最終萬丈高樓平地起，假以時日，成了一個富有的人。

兩個年輕人一同尋找工作，一個是英國人，一個是猶太人。

一枚硬幣躺在地上，英國青年看也不看地走了過去，猶太青年卻激動地將它撿起。英國青年對猶太青年的舉動露出鄙夷之色：一枚硬幣也撿，真沒出息！猶太青年望著遠去的英國青年心生感慨：讓錢白白地從身邊溜走，真沒出息！

兩個人同時走進一家公司。公司很小，工作很累，工資也低，英國青年不屑一顧地走了，而猶太青年卻高興地留了下來。二年後，兩人在街上相遇，猶太青年已成了老闆，而英國青年還在尋找工作。英國青年對此不可理解，說：「你這麼沒出息的人怎麼能這麼快地『發』了？」

猶太青年說：「因為我沒有像你那樣紳士般地從一枚硬幣上邁過去。你連一枚硬幣都不要，怎麼會發大財呢？」

英國青年並非不要錢，可他眼睛只是盯著大錢而不是小錢，所以他的錢總在「明日之國」。但是，沒有小錢就不會有大錢，不懂得用小錢去賺大錢，那麼財富就永遠不會降臨到你的頭上。

用沒底的水桶去裝水，水並不會完全漏空，至少桶壁上還可以剩下一些。用同積存滴水一樣的方法來存錢，同樣有望變成富翁。

一個名叫麗莎的理財專家在書中寫道：很多人都會為自己的低收入而抱怨，斷定自己是不能成為富翁的。一旦存有這種想法，即使這個人以後的收入很多，也永遠不可能成為富翁。因為他們根本沒把小錢放在眼裏，也不懂得水滴石穿的道理。

愈有錢的人越摳門，而窮人常會窮大方，可是我們應該想到，如果有錢的人沒有保持吝嗇的習慣，也就不可能成為富翁了。抱有得過且過之心來對待自己的財富，是個人理財過程中最普遍的障礙，也是導致有些人退休時經濟仍無法自立的主要原因。許多人對於理財抱著得過且過的態度，總認為隨著年紀的增長，財富也會逐漸成長，等到他們意識到理財的重要性並開始想理財時，為時已晚了。

很多年輕人總認為理財是中年人的事，或有錢人的事，到了老年再理財還不遲。其實，理財致富，與金錢的多寡關聯性很小，與時間長短的關聯性卻相當大。人到了老年面臨退休，手中有點閒錢，才想到要為自己退休後的經濟來源作準備，此時卻為時已晚。原因是，時間不夠長，無法讓小錢變大錢，因為理財至少需要二三十年以上的時間。10年的時間仍無法使小錢變大錢，可見理財只經過10年的時間是不夠的，非得有更長的時間，才有顯著的效果。既然知道投資理財致富，需要投資在高報酬率的資產上，並經過漫長的時間作用，那麼我們應該知道，除了充實投資知識與技能外，更重要的就是即時的理財行動。理財活動應越早開始越好，並培養持之以恆、長期等待的耐心。

不要再以未來價格走勢不明確為藉口而延後你的理財計畫，又有誰能事前知道房地產與股票何時開始上漲呢？每次價格巨幅上漲，人們事後總是悔不當初。價格開始起漲前，沒有任何徵兆，也沒有人會敲鑼打鼓來通知你。對於這種短期無法預測、長期具有高預期報酬率之投資，最安全的投資策略是——先投資後，再等待機會，而不是等待機會再投資。

人人都說投資理財不容易，必須懂得掌握時機，還要具備財務知識，總之要萬事俱全才能開始投資理財，這樣的理財才能成功。事實上並不儘然，其實，許多平凡人都能夠靠理財致富，投資理財與你的學問、智慧、技術、預測能力無關，也和你所下的功夫不相干。歸根結柢，完全看你是不是能做到投資理財該做的事。做對的人不一定很有學問，也不一定懂得技術，他可能很平凡，卻能致富，這就是投資理財的特色。一個人只要做得對，則不但可以利用投資而成為富人，而且過程也會輕鬆愉快。因此，投資理財不需要天才，不需要什麼專門知識，只要肯運用常識，並能身體力行，必有所成。因此投資人根本不需要依賴專家，只要擁有正確的理財觀，可能比專家賺得更多。

8．讓複利施展魔力

一九一九年，也就是在山姆出生之前不久，福特汽車公司推出了一款面向大眾的廉價汽車——福特T型，推出時售價是一千美元。到了山姆出生的時候這款汽車已經降價到了七、八百美元。山姆的父母本來打算買一輛這種汽車，但是因為山姆的出生，家裏的花費增加，他們決定把這800美金用於投資，以應付山姆長大以後的各種費用。他們沒有專業的投資知識和手段，也不知道如何選擇股票，於是他們選了一種相對穩妥的投資——美國中小企業發展指數基金。

和許多的中小投資者一樣，他們沒有把這個投資太當回事兒，因為投入的本金不是很多，加上對一些專業的術語也不太懂，他們投資以後，平時也沒有怎麼放在心上，慢慢就把這事給忘了。就在75歲生日的那天，老山姆清理自己的東西，偶然間翻出了當年的基金權利憑證，給他的基金代理打了個電話詢問現在的帳戶餘額。放下代理的電話，他又給自己的兒子打了個電話。老山姆只對兒子說了一句話：兒子，你現在是百萬富翁了。

老山姆的帳戶上有3,842,400美元！

上面的這個故事並不是天方夜譚，在投資理財界，因為複利的存在，經由時間的積累，很多的人都實至名歸地成了富人。

舉個例子：1萬元的本金，按年收益率10%計算，第一年年末你將得到1.1萬元，把這1.1萬元繼續按10%的收益投放，第二年年末是1.21萬元（1.1×1.1），如此第三年年末是1.331萬元（1.21×1.1）……到第八年年末就是2.14萬元。

同理，如果你的年收益率為20%，那麼三年半後，你的錢就翻了番，一萬元變成兩萬元。如果是20萬元，三年半後就是40萬元……

複利何以有如此大的魔力？我們來解讀一下複利生財的原因：

關於．本金

假設以一個一九九四年開始工作即開始投資的人——趙子龍為例。

一九九四年，趙子龍的第一個月工資是300元，當時算是中等水準。假定他把這第一個月的工資拿出100元用於一個年收益為10％的項目投進去，到第十一年即二〇〇五年年末，就變為285元【$100\times(1+10\%)^{11}$】那是他當年月收入的90％還強！而今天這個經過投資收益達10％的投資得到的285元，相對於他現在的工資來說僅僅是個零頭。在這裏，我們並沒有看到複利的神奇！

由此看來，要想讓複利創造奇蹟，首先本金的數目不能太少。對於大多數工薪階層來說，複利公式中的本金即使以萬元為單位，都只能在兩位數上停住，多不過幾十萬元。而當你有了幾十萬元的時候，你就該看看利率了。

關於．利率

在上面的計算中，關於利率，我們選用了10％這個數字。但凡是存過錢的人都知道，上哪裡找10％的銀行利率呢？正如炒過股票的人都知道：上哪找沒有風險的10％的投資產品？

關於．期數

這個期數是和你的利率對應，利率按年利率算，期數就以年為單位，如10年、15年。如果利率按月利率計算，那期數的單位就是月了。我們就以年為例吧。

這裏，得先說說「72法則」，所謂「72法則」。就是以1％的複利來計息，經過72年以後，你的本金就會變成原來的1倍。這個法則的好用之處在於它能以一推十，例如，利用5％年報酬率的投資工具，經過14.4年（72／5）本金就變成1倍；利用12％的投資工具，則要6年左右（72／12），就能讓1元錢變成2元錢。

綜合起來，如果意欲借助複利成為富人，需要具備三個條件：

⑴擁有足夠多的本金。

⑵具備好的投資管道。

⑶必須有足夠的耐心和精力。

9．專家意見為輔，獨立思考為主

理財與智商有關嗎？答曰，非也。

美國之歷任總統中智商最低的是小布希，第二低的是老布希，最高的是柯林頓。然而他們的財富卻正好相反。小布希最高，老布希第二，柯林頓最少。著名科學家牛頓也曾炒過股票，當他認為達到高點賣出時，股票仍在繼續上漲，難忍，又買入，結果又大跌，使這位著名的科學家損失慘重。最後，他不得不發出哀歎：我能計算出天體的運行軌跡，卻不能計算出人心是多麼的瘋狂。

理財與學歷有關嗎？答曰，非也。

著名經濟學家弗里德曼，曾獲得過諾貝爾獎，其所獲獎金頗為豐厚，若用來投資，即使最保守的一支基金，那麼他也會身價過億。然而事實上，他並沒有躋身億萬富翁的行列。

理財靠聽消息嗎？答曰，非也。

炒股不能不提到消息，然而消息有真有假。即使消息是真的，作為一個普通人，往往也是處於資訊通道的底端，所以單純依賴消息很難發財。

有人會問：「理財到底要靠自己還是要請專家呢？」這個問題沒有固定的答案，是仁者見仁、智者見智的問題。

有人認為委託專家是明智之舉。理財不僅是一件「技術活」，也是一件「力氣活」。現在市場上各種投資產品不斷湧現，市場行情瞬息萬變，這不僅要求投資者具備充足的專業知識，更要求他們投入不少的精力和時間，這對於大多數非專業的人士而言是一種苛求。在這樣的背景下，「專家理財」應運而生。

你是否會為裝修房子而辭去工作、特地去學建築設計，然後再親自動手呢？當然不會。你會找一個值得信賴的設計師，讓他幫你制訂出最好、最適合你的裝修計畫。投資也是一樣，專業人士的建議會讓你坐享其成。術業有專攻，理財靠專家。專家擁有更多投資管道。個人投資者一般只能在二級市場進行投資，不能參與一級市場的發行行為，而機構既可以在二級市場進行交易，還可以在一級市場通過承銷、包銷活動獲得豐厚的利潤；專家選用的投資方式更為靈活。機構投資者既可以進行現金交易，也可進行回購交易和套利交易，個人只能進行現金交易；專家可選擇更多的投資品種。機構投資者可以投資於一些個人無法選擇的品種。例如，國內的金融債券目前主要面對機構發行，在很多情況下個人無法購買。金融債券的利率比國債高，而且風險又比企業債券低，是比較理想的安全、高效的理財工具。機構投資者既可投資於交易所上市債券，也可投資於在銀行間市場發行的債券，而個人只能在交易所購買上市國債。專家理財既可投資於固定利率債券，又可以投資於浮動利率債券。

有效的投資組合需要投資者對不同的理財工具具有全面的了解，並要花費大量時間和精力。如果投資者能夠用於投資活動的時間和精力有限，又缺乏相關的投資專業知識和資訊來源，不如把時間花在選擇優秀的理財機構方面，從而通過專家理財，達到資本保值、增值的事半功倍的效果！

這樣的說法也很有道理，畢竟隔行如隔山。理財投資也是一門很大的學問，靠自己似乎太麻煩，也有點困難。專家的建議是很好的參考。

提到「專家理財」，可能不少人對它的理解還比較狹窄：「專家理財是不是像海外的影視劇裏那樣，專門聘請一位理財師為自己進行投資，他會定期地向投資人報告投資的進展？」其實，這只是專家理財的一種方式，在目前國內的市場上，專家理財更主要的是另外兩種方式：一是購買專業理財機構（如基金公司、證券公司、銀行）所出售的理財產品，將資金交由他們來進行分散投資，賺取投資收益；二是由專業的理財師根據投資者的個人情況，進行財務診斷，並制定出理財規劃建議書，由投資者自行操作。

但是也有人提出了不同的看法。他們認為專家也有智愚之分，不同的專家坐於堂上，長篇大論，誰是誰非，誰對誰錯，很難分辨。即使有頗具投資眼光的專家，也不能終生都依賴其為自己理財。

就像國內期貨市場活躍著一批擅長行情評論的人士，其中也有不少頗有見解的專家。但這麼多年以來，很多人對這種專家評論有諸多看法，甚至頗有微詞。這期間可能還是由於我們在聽取專家意見時沒有為自己選擇好定位的緣故。

富人認為，投資賺錢是自己的，評論是別人的。對於專家的意見，他們會從不同的角度來看待。在作出每一個投資決策前，他們都會具體考慮自己的情況，包括自己的風險承受能力、自己的投資風格、自己對市場行情的獨特思考等。

當然正牌的專家學者的意見是有不錯的參考價值，但是最重要的是不能盲從專家建議，要根據自己的實際情況，作出理智的投資選擇，這樣才能保證更大的收益機會。要注意的是——目前第四台有很多買時段的「理財專家」，其實這些專家，和購物專家是一樣的，三寸不爛之舌之下，要的還是你荷包的錢！

所以，投資者可以聽取專家意見，但關鍵還是靠自己。在投資理財過程中除了要聽取專家意見，更要保持獨立思考意識。

1．必須樹立理財意識　有人說，你不理財，財不理你，就是這個道理。古語有云：不積跬步，無以至千里。財富都是一點一滴積累而來。莫以積累少而不為，莫以浪費少而為之。長此以往，必有厚報。

2．理財是長期行為，不要用短期思維去做　不要有一夜暴富之心，一夜暴富是有可能的，但那是給敢於冒險的人準備的，並不適用於一般人。投資並不需要很高的智商和很高的

學歷，也許和去菜市場買顆大白菜同樣道理。那些自以為很聰明的人未必會獲得更好的回報。買股票就買那些知名的大企業。如果不想去操心的話，就根據自己的風險承受能力，買入適合自己的基金，也是不錯的選擇。然後就不要再去朝夕勞神去觀察。

老子曰：「大成若缺，其用不弊。大盈若衝，其用不窮。大直若屈，大巧若拙，大辯若訥。」拋棄那些令人眼花繚亂的各種各樣的工具，採用最笨拙的辦法，也許就是一種相當不錯的方法。

3．分清資金的性質進行分散投資　普通大眾沒有太多專業知識，所以投資一定要分散投資，進行風險的規避。一般來說資金可以分為三種：短期資金、中期資金和長期資金。短期資金一般用來投資變現快、比較穩定的產品，如貨幣基金；中期資金可以投資一些收益稍高一點的品種，如債券、債券型基金和銀行理財產品等；長期資金可以進行收益最高，但風險也最大的產品，如股票、長期債券、股票型基金等。當然如果有精力的話，也可以用一定比例的錢進行股票、權證、期貨等高風險高收益產品的投資。但有個原則，就是這部分錢如果全部損失了也不至於影響到正常的生活。

10．絕不讓貪婪蒙蔽了財智

人的欲望是沒有止境的，沒有房子住的時候，總是想要有個30平方米的房子就很好了，但是有了30平方米的房子之後又想有100平方米，然後又想擁有自己的別墅，很難有真正滿足的時候。貪婪容易讓人失去自己，讓人忘記自己最初的目的，貪婪的後果往往是要付出沉重代價。

在遙遠的古代，就有一個關於財富的神話，告誡人們如何對待財富。在米達斯國，國王想變得更有錢才能讓自己快樂，於是和神商量讓自己擁有神奇的力量。神答應了他，讓他自己的手指頭無論碰到什麼東西，那東西就立即變成黃金。在擁有了「金手指」後，國王的快樂並沒有持續多久。他痛苦地發現，自己既不能吃，也不能喝，美味在他嘴裏變成了黃金，最糟糕的是他親吻自己的女兒時，最愛的女兒也變成了黃金。國王這才意識到真正讓自己快樂的並非是金錢，神答應了他的懺悔，恢復了他平靜而幸福的生活。

這個故事告訴我們，人的索取要有一定的限度，如果過分地追求金錢，就會失去自己原有的樂趣，在金錢的追求上要適可而止。

理財並不是一件困難的事情，很多人卻總是弄得一團糟。如果我們想積累財富，要做的就是養成健康的儲蓄習慣：手上握有一批互惠基金，外加有一點點時間。事實上，邁向成功的步伐並不沉重，所涉及的問題也不錯綜複雜。為什麼很多人還會栽跟頭？很大的一個原因就在於貪婪的心理。我們從量販店滿載而歸，購物之多超出了原先的計畫。我們從商品目錄上看到某些東西，一衝動就買了下來。

在投資理財的過程中，貪婪是大忌，一旦被貪念佔據了上風，就很難把握住自己的投資方向和投資額，很容易成為投資浪潮中的犧牲品。

股神巴菲特曾經說過一段名言：「恐懼和貪婪這兩種傳染病極強烈的災難，它們偶然爆發的情況，會永遠在投資界出現。這種流行病的發作時間難以預料，由於它們引起的市場精神錯亂，無論是持續還是程度同樣難以預料。因此，我們永遠無法預測任何一種災難的降臨或離開。我們的目標應該是適當；我們只要在別人貪婪時恐懼，而在別人恐懼時貪婪。」

巴菲特是有史以來最偉大的投資家，他通過在股票市場和外匯市場的投資成為世界上數一數二的富翁。他宣導的價值投資理論風靡世界。價值投資並不複雜。巴菲特曾將其歸結為三點：把股票看成許多微型的商業單元；把市場波動看做你的朋友而非敵人（利潤有時候來自對朋友的愚忠）；購買股票的價格應低於你所能承受的價位。「從短期來看，市場是一架投票計算器。但從長期看，它是一架稱重器」——事實上，掌握這些理念並不困難，但很少有人能像巴菲特一樣數十年如一日地堅持下去。巴菲特似乎從不試圖通過股票賺錢，他購買股票的基礎是：假設次日關閉股市或在5年之內不再重新開放。在價值投資理論看來，一旦看到市場波動而認為有利可圖，投資就變成了投機，沒有什麼比賭博心態更影響投資。

貪婪在股市投資中表現得尤為明顯。了解投資者心理的人都知道，只要沒有什麼變故，絕大多數投資者一進入股市一般就不會再離開了，將就此與股市共生存、長相守。股市將以其獨特的魅力使絕大多數普通投資者對其產生一種「戀」的情結，並反映到各自具體的操作之中。

(1)當上漲行情運行完畢，轉入到調整下跌階段之後，絕大多數持有股票的投資者仍會繼續留戀之前的上漲。因此，不管行情怎麼下跌，不管行情是否已經確實轉勢，大多數投資者的操作行為仍是持股待漲；直到股票大幅下跌，與其「絕情」後，才可能會被動性地了斷。

(2)對曾經（哪怕是好幾年前）給予自己「賺過錢」的股票有一種天然的眷戀。對其行情的漲跌給予過多的關注，耗費太多的精力，並時時把該股目前股價與之前「賺錢時」的股價作比較，甚至把價格比較的結果作為買賣依據。

(3)受思維意識的影響，對自己以前操作成功的經歷念念不忘，而對之前操作失敗的經歷卻刻意迴避與淡化，從而對股市的認識和在具體操作上經常會「在同一個地方摔跤」。其實，股市中失敗的教訓比成功的經驗更寶貴。

(4)受看漲、看高心理的影響，對行情的高端價格有著極強的好感。大多數投資者都能講出中船最高時的股價是200多元，但很少有人知道目前最低價的股票是什麼，股價又是多少。

(5)對分析師給予所謂的目標價往往「一見鍾情」。如果目標價是20元，即使行情到了19.9元也「打死不拋」，因為還有0.1元的目標沒實現。須知，目標是可能實現的，但也是可能實現不了的，況且分析師們的目標價會隨時修正。

(6)對過去的報表資料有著深厚的戀情，經常會出現「這個股票業績這麼好，為什麼不漲？為什麼還跌」的疑惑。須知，報表資料總結的是過去，股市投資永遠是站在現在看未來。在投資創造價值的時代，行情更重視的是還未披露的報表資料。

(7)對市場傳聞與小道消息有著濃厚的興趣。常識告訴我們，市場的資訊鏈永遠是不對稱的，當消息流傳到普通投資者層面上，此消息要麼是已經滯後了的，要麼是別有用心的，十有八、九是虛假的。

(8)對行情的頭部價格有著深刻的記憶，總想著已經到過這個價格，後面還應該再到這個價格甚至更高，但行情的實際表現往往是「過了這個村，沒了那個店」。對股市的「戀」、對股票的「戀」、對行情上漲的「戀」是許多投資者共有的一種特徵，但「戀」過了頭，就變成了「貪」。「貪婪」正是股市投資之大忌。

在投資領域有人賺錢了，有人賠錢了，同樣的投資但是結果往往截然不同。著名的投資大師巴菲特就是「能賺錢」的典型，而其能賺錢的原因，也在於其投資理念，能夠長期堅持，不因市場誘惑而改變。巴菲特的投資理念是「投資要有耐心等待，只有等『市場先生』犯錯誤，股票被嚴重低估時才買進。」巴菲特言行一致，中石油H股股價在1.2港元淨資產附近時，投資者因恐懼而大量拋售中石油股票，有了機會，巴菲特才大量買進。因為股價仍然被低估，巴菲特才一股未賣。

巴菲特賣出中石油股票，一是因為其純利（加上每年分紅）已經高達10倍而獲利了結；二是從國際視野看，中石油H股股票也並不便宜。而巴菲特的投資策略是牛市高潮中退出，越漲越賣出。

值得一提的是，巴菲特的「長期投資理念」是有條件的，即所持股票估值處於被低估狀態；否則也需要「見好就收」。他提示給我們最主要的啟示或許就在於，留一段上漲的空間給別人賺，千萬不要太貪婪；而他備受投資者推崇的另一個原因還在於他「人不入地獄，讓與我；人爭上天堂，送給你」不戰而屈人之策的投資胸懷。

貪婪和恐懼要不得的原因主要在於，投資者學習巴菲特的操作方法而又缺乏堅持估值標準的耐心等待，缺乏堅定拒絕誘惑而不改變買進、賣出的原則。在投資時，投資理念「三心二意」，左右搖擺，再加上其因追隨市場而貪婪，又因追隨市場而恐懼，以致丟失了「投資原則」。

李嘉誠曾告誡人們當生意更上一層樓的時候，絕不可有貪心，更不能貪得無厭。投資不能過於貪心，否則將由「1%的貪婪，會毀壞了99%的努力」。

有一位老年朋友，退休後閒暇無事，總想著如何發大財，看到一些人買樂透中了大獎，他便躍躍欲試。如果是小打小鬧，碰碰運氣倒也罷了，而他卻把全部積蓄拿出來每期必買，以為投入越多，中獎的機率就越大，有人勸他不要冒這樣的風險，他哪聽得進去，依然全身心地投入。每期開獎前他都忐忑不安，精神高度緊張，得知自己未中獎便陷入煩惱和焦慮之中。這樣幾年下來，20多萬元的投資全部打了水漂，老婆孩子都埋怨他財迷心竅，他的情緒壞到了極點，甚至連跳河上吊的念頭都有。多虧大家相勸，錢財都是身外之物，生不帶來死不帶去，況且每月還有退休金，生活不會有大問題，這樣他的情緒才慢慢穩定下來。

這位老年朋友的教訓就在於「不知足」，貪財欲望過高。老子在《道德經》中曾云：「不知足雖富亦貧。」孔子在《論語》中提出人的一生要有「三戒」，其第三戒是：「既及老也，血氣既衰，戒之在得。」「得」就是貪得。

在富人的財智邏輯裏，貪婪是投資理財的大忌，金錢絕不是白白從天上掉下的餡餅。富人不會把投機錯當成投資，他們不會輕易涉足要憑運氣才能賺錢的行當，他們也不會在還沒有把握一項投資的真實情況時就輕易把資金投入。富人在投資的時候，時刻保持理智的頭腦，即使他們覺得一個產品可能穩賺不賠，也不會孤注一擲地投入全部資金，因為這會使他們所承擔的風險變得很大，大到超出了他們能夠承受的風險範圍。當然，富人也不會為了獲得再多一點的利益而錯過了最好的賣出時機。

11．成為投資者中的20％

「二八定律」又稱為「巴萊多定律」，由十九世紀末二十世紀初義大利經濟學家巴萊多所提出，他認為，對於任何事物，最重要的只占其中一小部分，約占20％，其餘的約80％儘管是多數，卻是次要的，因此又稱二八定律。

二八定律得到了廣泛的認證，一個企業80％的利潤來自20％的項目；20％的人掌握了世界上80％的財富；20％的人身上集中了人類80％的智慧……在投資理財領域，這個定律也有其適用性。

股市中有80％的投資者只想著怎麼賺錢，僅有20％的投資者考慮到賠錢時的應變策略。但結果是只有那20％的投資者能長期盈利，而80％的投資者卻常常賠錢。

20％賺錢的人掌握了市場中80％正確的有價值資訊，而80％賠錢的人因為各種原因沒有用心蒐集資訊，只是通過股評或電視掌握20％的資訊。

當80％的人看好後市時，股市已接近短期頭部，當80％的人看空後市時，股市已接近短期底部。只有20％的人可以做到鏟底逃頂，80％的人是在股價處於半山腰時買賣的。

券商80％的傭金是來自於20％短線客的交易，股民80％的收益卻來自於20％的交易次數。因此，除非有嫻熟的短線投資技巧，否則不要去貿然參與短線交易。

只占市場20％的大盤指標股對指數的升降起到80％的作用，在研判大盤走向時，要密切關注這些指標股的表現。

一輪行情只有20％的個股能成為黑馬，80％的個股會隨大盤起伏。80％的投資者都會和黑馬失之交臂，但僅20％的投資者與黑馬有一面之緣，能夠真正騎穩黑馬的更是少之又少。

有80％投資利潤來自於20％的投資個股，其餘20％投資利潤來自於80％的投資個股。投資收益有80％來自於交易數的20％，其餘交易數的80％只能帶來20％的利潤。所以，投資者需要用80％的資金和精力關注於其中最關鍵的20％的投資個股和20％的交易。

股市中20％的機構和大戶佔有80％的主流資金，80％的散戶佔有20％資金，所以，投資者只有把握住主流資金的動向，才能穩定獲利。

成功的投資者用80％的時間學習研究，用20％的時間實際操作。失敗的投資者用80％的時間實盤操作，用20％的時間後悔。

股價在80%的時間內是處於量變狀態的，僅在20%的時間內處於質變狀態。成功的投資者用20%的時間參與股價質變的過程，用80%的時間休息，失敗的投資者用80%的時間參與股價量變的過程，用20%的時間休息。

由此看出能夠真正掌握投資理財技巧，讓自己在利潤與風險並存的理財投資中成功收益的人是少數的，你是願做成功的「二」，還是願做占大多數的「八」呢？

12．把財商傳遞給下一代

據專家研究發現：兒童從3歲開始就有了辨認錢幣、認識幣值的能力；4歲起就能學會用錢買簡單的物品；5歲起應該教育兒童懂得錢是勞動得到的回報，應該給以指導，讓孩子能夠正確地理解買賣過程；6歲起應該培養兒童的理財觀念，讓其學會攢錢，並要有一定的儲蓄意識；7歲的兒童能夠分辨價格高低，評估自己的購買能力；8歲的兒童應該嘗試一些簡單的賺錢方式；9歲的兒童要學著制訂一些花錢計畫，能夠自己做主買一些「大件」；10～12歲的兒童應該樹立起節約的觀念，能夠控制自己並有節制地進行消費；12歲以上的兒童經濟觀已經成型，完全可以參與商業活動和一些理財行為。

從專家的研究可以發現，不能忽略兒童的理財教育。很多家長投放了過多的精力在孩子的學習成績提高、才藝表演修煉等方面，卻忘記了人生還有一個重要的理財學。對兒童的理財教育要儘早開始，而且家長也要注意自身的理財行為，要樹立起良好的模仿榜樣，對孩子的理財觀念起到潛移默化的薰陶作用。至少富人便是這麼做的，他們不遺餘力地把自己的財商傳遞給下一代。

美國的一位投資專家在家開設了「虛擬股市」，鼓勵孩子進行股市投資。他把每股交易金額按1%的比例計算，股票的價格根據紐約股市每天的行情進行變動，孩子通過「股票市場」的投資，有了真實的投資體驗，不但通過買賣股票和「年終分紅」來獲得回報，還能夠積累孩子的股市經驗。

美國洛克菲勒家族對子女實行嚴格的財務管理。每個孩子在七、八歲時，每週可得零花錢30美分，十一、二歲時每週得1美元，12歲以上每週2美元。他還給每個孩子發一個小帳本，要他們記清每筆支出的用途，領錢時交他審查。錢賬清楚、用途正當的，下週還可遞增5分，反之則遞減。同時，孩子們能做家務事還可得到報酬，補貼各自的零用。例如，捉到100隻蚊子能得1角，逮住一隻耗子得5分等。後來當副總統的二兒子納爾遜和興辦新工業的三兒子勞倫斯，還主動要求合夥承包為全家人擦鞋，皮鞋每雙5分，長筒靴1角。

理財是一門學問，家長應該有意識地培養孩子的理財理念，讓孩子生活在一個健康的理財理念中，如勞而有得，多勞多得，善於理財等。很多商賈巨富都下意識地培養下一代的理財習慣。像李嘉誠很早就開始關注對孩子的培養，例如，當李澤鉅和李澤楷還只有八、九歲時，他就專設小椅子，讓兩個兒子列席公司董事會。次子李澤楷的零用錢，都是自己在課餘兼職，通過當雜工、侍應生掙來的。每逢星期日，李澤楷都到高爾夫球場去做球童打工，背著大皮袋跑來跑去，通過自己的勞動，領取一份收入。李澤楷將打工所得，用作自己日常的零花外，有時還資助生活困難的同學。又如，摩根財團的創始人約翰·皮爾龐特·摩根，其早年通過賣雞蛋和開雜貨店起家，發家後對子女要求嚴格，規定孩子每月的零花錢都必須通過幹家務活來獲得，幾個孩子於是都搶著幹。最小的孩子湯瑪斯因年齡小搶不到活幹，於是每天買零食的錢都沒有，非常節省，老摩根知道後對湯瑪斯說：「你用不著在用錢方面節省，而應該想著怎麼才能多幹活多掙些錢。」這句話提醒了湯瑪斯，於是，他想了很多幹活的點子，零花錢漸漸多了起來，他最後明白了，理財中開源比節流更重要。

教育孩子理財觀念的基礎就是端正孩子對金錢的態度。如今，隨著市場經濟的發展，「金錢萬能」的思潮開始腐蝕下一代的思想，很多為了金錢而犯罪的主角也越來越傾向於年輕化。或許很多家長也害怕孩子有錢亂花，或者結識到不良少年而墮落，於是嚴格控制孩子的零花錢，狹隘地以為通過金錢的數量控制就能端正他們金錢觀。

這種做法是不科學的，事實表明，過分地控制孩子的零用錢，反而會激起孩子的叛逆心理。他們或許通過偷、搶、強佔等行為佔有金錢，這樣小偷成大偷，反而耽誤了孩子的一生。所以僅僅用「節流」的方法是不夠的，要學會「疏通」，也就是說給孩子一定的金錢控制權，但是要引導他們往正確的理財道路上走，畢竟孩子的自制力還是很差的，完全地把金錢的使用權放給他們是不行的。所以「適當疏通」法是各位家長應該掌握和實行的。

良好的消費習慣和正確的理財觀念是後天培養起來的，所以我們應該從小就注意培養孩子的消費習慣。我們可以像洛克菲勒那樣，定期給孩子一定數量的零花錢，讓他們自己自覺地記錄下他們是如何花掉的，這樣不但可以培養他們的節約意識，而且還可以讓他們從小養成建立資產負債表的習慣。

當孩子進入了可以自主參與經濟活動的年齡，家長可以與他們並肩參與一些投資活動或者兼職工作。一方面讓他們更多地接觸社會，進一步了解社會真實的一面；另一方面鍛鍊孩子的自立和判斷能力，授予他們一些投資的竅門，同時也與他們站在同一個高度上進行討論和溝通，這樣的教育環境才是健康向上的。

隨著經濟水準的提高，兒童的壓歲錢也越來越多，如何教育孩子正確地使用和管理他們的這筆小小積蓄成為很多家長談論的話題。

知名理財專家劉彥斌說，如果孩子很小，只有三、四歲，可以用壓歲錢做基金定投，這是不錯的選擇。每個月投一定數量的錢，年年這樣投。如果連續投5～10年，賠錢的機率是極低的，賺多少就要看市場，基金的收益是靠時間積累的，這種方法為孩子存未來的教育基金，是最好的方法。

事實上，壓歲錢的管理為培養孩子正確的理財觀念提供了好時機。將壓歲錢合理規劃，是向孩子灌輸理財意識的好機會，不可以掉以輕心。一方面，由於孩子缺少自制力和計劃性，壓歲錢是不能完全交給孩子處理的，他們很可能因為一些新鮮而無用的物品而揮霍掉；另一方面，如果完全不信任孩子，家長代替孩子接受了壓歲錢，那麼對孩子金錢觀的樹立也沒有意義。所以就要綜合這些問題，合理地考慮壓歲錢的管理。那麼如何才叫合理呢？就是家長把部分金錢的行使權保留給孩子，在家長的監督和引導下，讓孩子自行管理這筆錢的流向，使壓歲錢的管理成為孩子理財教育的第一步。

如今很多家長針對孩子的壓歲錢問題採取的是儲蓄政策：他們會在銀行專門開一個帳戶，把這些錢存起來，以將來成為孩子的教育資金。當然這種做法是比較保守和消極的，積極的做法是讓孩子自身接觸到部分壓歲錢，然後自主決定這些錢的分配。

國際金融理財師王韶華，對於兒童理財的教育也有相同的看法，他認為，教孩子理財，就如同幫孩子規劃自己的前途一樣，一方面可以引導孩子如何消費，另一方面可以教孩子用壓歲錢進行理財。當孩子真正擁有這筆錢後，首要的是啟發他們去管理這些錢，並且教給他們一些理財工具和理財技巧，讓孩子建立理財意識。例如，用靈活儲蓄的形式把壓歲錢給孩子，教育孩子可以隨時支取，但是注意的是支取得越晚利息就會越多，孩子有了利息概念，

就會刺激其積累意識。另外，引導孩子用壓歲錢作一些投資，讓他們接觸一些簡單的投資管道，不但可能會有一筆收入，而且讓孩子們儘早地了解投資內容。

部分壓歲錢用來教育孩子，剩下的部分壓歲錢還可以尋求一些科學的投資方式。隨著物價的上漲，如何「保值」成為很多家長頭痛的問題。

當孩子的壓歲錢帳戶已積累到一定數目時，為了保證它的價值不隨著物價而浮動，家長應該考慮進行投資了。然而，這一部分錢的投資應該選擇穩定的基金管道，而不是那些風險大的股票。

投資專家認為，針對孩子的理財計畫，不能像購買普通理財產品那樣，重點追求短期利潤最大化和快進快出的資金靈活度。對於壓歲錢的理財應更強調本金安全、長期穩定的收益，從而能夠抵禦通貨膨脹等長期風險。

所以，對兒童的理財教育，用一個形象的比喻，那就是給他木柴，不如給他一把砍柴刀教他砍柴。

如果當孩子需要錢時，父母就掏出錢讓他使用，他只知道錢的好用，不會知道錢來之不易。所以給他一把砍柴刀，讓他自已去掙錢，讓他切身體會錢的來源和不易，他才能珍惜錢，才能在理財的過程中用心、用腦。

理財專家的提醒是：不要因為專注投資，而忽略了孩子的教育。孩子不僅僅是家長的希望，更是社會發展的希望，所以孩子的教育包括知識教育、才藝教育、品質教育、理財教育等缺一不可。由於金錢和人的一生都脫離不了關係，所以培養孩子正確的理財觀念又是重中之重。無論是事業還是個人生活，具有正確的金錢觀的孩子才能在人類道德的約束上實現資源的合理運用。

13．將理財進行一生一世

通常來說，富人都非常清晰地明白自己的理財目標，也就是說生活的意義和生活的理想，他們想達到什麼樣的財務目標。一個人只有知道自己需要什麼追求什麼的時候，才能去確定自己要怎麼做，所以要想過上富裕的生活，就要懂得理財，就要學會理財。

理財不是一段時期的事情，理財應該貫穿一個人的一生，要知道只有你一生理財，財才能理你一生。

根據美國生涯規劃專家雪麗博士在其名著《開創你生涯各階段的財富策略》中的建議，個人的理財生涯規劃應該是：4歲開始不算早，60歲開始也不遲。

4～9歲——學習掌握理財的最基本知識，包括消費、儲蓄、給予，並進行嘗試。

10～19歲——學習掌握並開始逐漸養成良好的理財習慣。除了上一階段的消費、儲蓄、給予之外，還增加了學習使用信用卡和借款的課題。

20～29歲——建立並實踐成人的理財方式。除了消費、儲蓄、給予之外，你可能準備購買第一輛汽車、第一個房子。你應該開始把收入的4％節省下來，為養老金投資。如果你已結婚並育有小寶寶，你需要購買人壽保險，並開始為孩子的教育費用進行投資。

30～39歲——可能準備購買一套更大的住房、一輛高級轎車與舒適的家具。繼續為子女的教育費投資，同時把收入的10％節省下來，為養老金投資。別忘記購買人壽保險，並向孩子傳授理財的知識。

40～49歲——實行把收入的12％～30％節省下來為養老金投資。這時，你的孩子可能已經進入大學，正在使用你們儲蓄的教育費。

50～59歲——切實把收入的15％～50％節省下來為養老金投資，你可能開始更多地關心你的年老父母，開始認真地為退休作進一步決策。

60歲之後——向保本專案、收益型和增長型的專案投資。你可能會從事非全日制工作，可能繼續尋找充實自己的機會。

從上面能夠看出，理財真的是一輩子的事情，每個階段有每個階段的內容，只有把理財進行到底，自己才能成為財富支配者。

有的朋友常常誤解，認為理財就是生財，就是投資賺錢。然而這種狹隘的理財觀念並不能達到理財的最終目的。理財是善用錢財，使個人以及家庭的財務狀況處於最佳狀態。對於錢不多的家庭來說，順利完成學業、美滿的婚姻、優閒的晚年，是多數人追求的目標。如何實現這些生活目標，金錢往往扮演著重要的角色。如何有效地利用每一分錢，如何及時地把握每一個投資機會，便是理財所要解決的。

理財的訣竅是開源、節流，爭取資金收入。理財不只是為了發財，而是為了豐富生活內涵。成功的理財可以增加收入，可以減少不必要的支出，可以改善個人或家庭的生活水準，享有寬裕的經濟能力，可以儲備未來的養老所需。所以，從今天開始就要認識理財，讓理財伴隨你的一生。

「理財」應該主要從以下幾方面著手：

1．投資規劃　投資是指投資者運用自己擁有的資本，用來購買實物資產或者金融資產，或者取得這些資產的權利。目的是在一定時期內獲得資產增值和一定的收入預期。我們一般把投資分為實物投資和金融投資。實物投資一般包括對有形資產，如土地、機器、廠房等的投資。金融投資包括對各種金融工具，如股票、固定收益證券、金融信託、基金產品、黃金、外匯和金融衍生品等的投資。

2‧**居住規劃**　「衣食住行」是人最基本的四大需要，其中「住」是投入最大、週期最長的一項投資。房子給人一種穩定的感覺，有了自己的房子，才感覺自己在社會上真正有了一個屬於自己的家。買房子是人生的一件大事，很多人辛苦一輩子就是為了擁有一間自己的房子。買房前首期的資金籌備與買房後貸款償還的負擔，對於家庭的現金流量及以後的生活水準的影響可以延長到十幾年甚至幾十年。

3‧**教育投資規劃**　一定要對人力資本、對教育進行投資，它帶來的回報是強有力的。在一般情況下，受過良好教育者，無論在收入或是地位上，確實高於沒有受過良好教育的同齡人。從這個角度看，教育投資是個人財務規劃中最具有回報價值的一種，它幾乎沒有任何負面的效應。

4‧**個人風險管理和保險規劃**　保險是財務安全規劃的主要工具之一，因為保險在所有財務工具中最具防禦性。

5‧**個人稅務籌畫**　個人稅務籌畫是指納稅行為發生以前，在不違反法律、法規的前提下，通過對納稅主體的經營活動或投資行為等涉稅事項作出事先安排，以達到少繳稅和遞延納稅目標的一系列籌畫活動。

6‧**退休計畫**　當代發達的醫療科學技術和極為豐富的物質文明帶給人類的最大好處，

是人類的健康與長壽。目前國人已經把「人生七十古來稀」變成了「七十不老，八十正好」。美國人則喜歡用「金色年華」來形容退休後的生活。如何過一個幸福、安全和自在的晚年呢？這就需要較早地進行退休規劃。可以選擇銀行存款、購買債券、基金定投、購買股票或者購買保險等以獲得收益。

7．**遺產規劃**　遺產規劃是將個人財產從一代人轉移給另一代人，從而實現個人為其家庭所確定的目標而進行的一種合理財產安排。遺產規劃的主要目標是幫助投資者高效率地管理遺產，並將遺產順利地轉移到受益人的手中。

第四章

富人祕而不宣的理財途徑

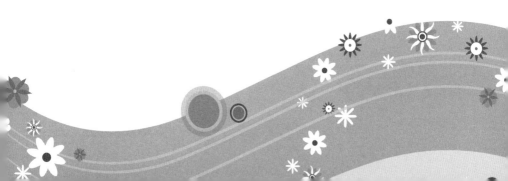

對於富人而言，投資理財界更像一個大果園，只要你有智、有謀、有膽，可以採摘到的果實俯拾皆是。在這個「果園」中，包括如下三個種類。

1．流動性投資

流動性投資適用的投資工具包括：活期存款、短期的定期存款（三個月或半年）、零存整付、短期國債、貨幣市場基金等。

2．安全性投資

安全性投資適用的投資工具包括：定期存款、中短期國債、債券型基金、保本型基金、儲蓄型的商業養老保險、社會養老保險、保本型的銀行理財產品等。

3．風險性投資

風險性投資適用的投資工具包括：股票、股票型基金、對衝基金、不動產、非保本型的銀行理財產品、投資連接保險、外匯、黃金、藝術品和實業投資等。

1．儲蓄與投資雙管齊下

對於很多人而言，他們已經忽略了銀行存在的最初意義——存儲。他們習慣於把錢投資到各個領域，以期獲得盡可能多的回報。然而，他們卻身無分文，當需要現金周轉的時候，特別是遇到緊急情況時，他們一籌莫展。富人從不這麼做，他們會把一定數目的錢存儲起來，以備不時之需。

事實上，存儲是未雨綢繆的有效方式，固定地把錢寄放在銀行中，不但可以積少成多，使小錢變成大錢，而且還可以在需要的時候提取出來，以免焦頭爛額地去四處借貸。

學會儲備，是致富的第一步，雖然說作好儲備，未必能夠成為富翁，但是如果沒有基本的儲備，是絕對成為不了富翁的。看我們的日常瑣事，從房貸到各種投資，從日常消費到生活的各種娛樂享受，各種花費可能就已經佔據了我們大部分的收入。面對儲蓄我們或許只能有心無力，無能為力，那麼如何才能存到錢呢？

首先，從發薪水的時候開始說起，在每一個月領取薪水時，要提前計算出下個月的必要支出，然後將剩下的錢的一大部分存進銀行或者投成基金。這種硬性策略可以使你大大減少不必要的支出，避免了一些「小錢」浪費現象。不要小看那些小錢，如果你能堅持實施存錢策略，就會驚奇地發現，這些小錢在一年以後竟然變成了大錢。

其次，不要覺得支出記賬是愚蠢的、可笑的行為。事實上，隨時記賬，不但可以清楚地看到自己的收入和支出，而且給自己的收支管理準備了資料。

想想你的生活，很多時候你會驚奇地發現：明明這個月花費不超過三千元，但是當你月底檢查錢包時，發現還是少了好幾百元。翻開帳本，你才恍然大悟：某天逛街突然在路邊買了一個包，但至今仍沒用過一次；某天無意間去買了十張樂透，卻連一張也沒中；某個週六心情不好，於是去東區逛了一下，用卡買了一雙鞋子；還有那次ＫＴＶ……這些沒有在預算中的花費，也使你一筆又一筆的金錢不翼而飛了。

所以說，養成記賬的習慣是非常有意義的，一方面它可以幫助你了解自己的消費途徑，以有利於制定下一個月的支出表；另一個方面它讓你更清楚地了解自己的消費情況，可以在一定程度上減少那些大手大腳、浪費金錢的活動。在看到自己的帳本後，聰明的人會有意識地去判斷哪些是必要的花費，而哪些是一時衝動的花費，避免了它們，你或許可以積累下很大一筆錢用於投資。總之，了解自己在投資、儲蓄與消費上的比例，才有助於平衡生活，在能夠做到部分存儲的同時，也能作出明智的投資決定。

對於存儲的意義，理財大師本傑明·格雷厄姆曾講過這樣一個生動的故事：

很久以前在一個村莊裏，有一個貧窮的農夫，上帝可憐他，於是用神力賜予了他養的那隻鵝神奇的力量，讓牠能夠產下金蛋。第二天，農夫走到鵝窩裏，發現了一顆金蛋，於是他想，怎麼會是金色的呢？是不是真的金蛋呢？他來到當鋪，找來金飾工鑒定，金飾工把這顆蛋左右研究，最後告訴農夫，它是一顆金蛋。農夫聽了欣喜若狂，他賣掉了金蛋，換了一大筆錢回家。

農夫一家慶祝了一番，對於他們而言，這筆錢足夠他們用上好些日子了。然而，出乎農夫意料的是：次日，當他再次走到鵝窩旁時，那裡竟然又有一顆金蛋。從那天開始以後的每一天，農夫都能夠得到一顆金蛋，讓他們家從此擺脫了貧窮。

然而這個農夫是愚蠢的，他揮金如土，同時也是貪得無厭的。他一直想不明白這隻鵝是如何把普通的鵝蛋變成金蛋的，他在心裏琢磨：萬一有一天這隻鵝死掉了，那麼他就一分錢也沒有了，那時該怎麼辦呢？如果他能夠掌握這個本事，那麼他就可以自己生產金蛋了。這個想法讓農夫寢食難安，於是有一天，他終於忍不住了，把鵝捉住，用刀子剝開了鵝的肚子，想找出原因，結果只看到一顆半成形的金蛋。於是鵝死了，金蛋也沒有了，農夫一家又回到了貧窮的生活中。

從表面上看，這不過是一個故事，然而，它卻生動地反映了現實生活中很多人的做法。本傑明・格雷厄姆告訴我們：故事中的鵝便是金錢或者說是一種資本，而金蛋則代表利息。沒有資本投入就沒有利息。大部分不聰明的人把他們手頭的錢全部花費殆盡，手頭空空，沒有一定的積蓄也就沒有鵝了，再加上貪得無厭，總想得到更多，於是也沒有經過深思熟慮，便把血本全部壓上去了，結果落得鵝去財空的下場。

所以說，儲蓄對於理財而言，是非常基礎和重要的一步。在鵝沒有下金蛋的時候，你自己就是自己的錢箱，不要把希望寄託在金蛋上：既然一天下好幾個金蛋是不可能發生的，那麼就要掌管好自己的錢包。當支出少於收入時，你的結餘便出現了，然後將結餘儲蓄起來。

這樣，或許看起來貌不起眼，或許那點錢遠遠不如一顆金蛋來得迅速和可觀，可是從結餘到儲蓄，是邁出了理財很重要的也是最基礎的一步，這也是人們所採用的普遍的理財方法。

很多人或許都有這樣的想法：等我月收入翻倍的時候，我的生活就會大大改善了，或許我就可以去買那件奢侈品了。然而，當你月收入真的翻倍的時候，你依然是同樣的想法。你的生活品質和收入是同步提高的，當你掙得多時，花銷得也多。所以，不管你月收入是多少，如果你不懂得儲蓄，你還是會落個手頭空空，甚至債務一身的下場。

僅靠收入是無法改變你的經濟狀況的，因為除了收入外，還有兩個因素影響著你的財務情況：一是收入支出比例；二是存儲比例。

如果你的收入支出比例不平衡，那麼即使你的收入提高一倍，相應支出也會增加一倍，那麼你的經濟狀態或許依然是支出大於收入的赤字狀態；所以要想滿足把部分金錢用來存儲的需求，就必須調整收入支出比例。

如果你現在的月收入是一萬元，你的存儲比例是5％，那麼你1個月就要拿出500元存進銀行；當你的月收入漲成二萬元的時候，要想保持你的存儲比例不變，那麼你每個月就要拿出一千元存進銀行，這個數目比你以前儲蓄的固定金額整整提高了1倍，這對於你或許是困難的。當你月收入是一萬元的時候反而是比較容易的。所以當一些人在抱怨自己的收入低而沒有辦法進行存儲時，希望他們能夠從這個數字比例中得到啟示。低收入者依然可以根據自己的經濟條件，有意識地降低收入支出比例，設置一個恰當的存儲比例來進行理財儲蓄，積少成多，相信有一天它們也能成為一筆可觀的財富。

很多人對儲蓄有錯誤的理解，他們總覺得把自己的錢放入銀行是便宜了銀行，讓銀行使用、得利。銀行能夠獲利是不假，然而應該肯定的是，儲蓄對於個人也是有積極意義的，儲蓄相當於付錢給自己。

在我們平時的生活中，我們總是為了滿足個人的需求將錢付給別人：我們需要付錢購物，我們需要付錢看醫生，我們需要付錢滿足一些精神享受……而唯獨儲蓄卻提供給我們一個付錢給自己的機會。

儲蓄就是我們付錢給自己，而且這個過程是預付型的。如果我們每個月將自己的收入存5%，那麼這5%便在幾年以後很可能讓我們達到致富的目的。事實上，這5%的減少對於你的生活而言，是微不足道的，你只要省出幾次搭車錢，或者忍住幾次想吃大餐的衝動，那麼，這些錢就可以被你存進銀行了。不要覺得它微不足道或者難以做到，為什麼不嘗試一下呢？憑藉想像是永遠也不會把你的錢攢下來的。

當你把收入的5%存進了銀行，你或許會問，我用這部分錢做什麼呢？它的價值（功用）在哪裡呢？

首先，可以肯定的是，你的手頭有了一定的積蓄，你可以很從容地應對一些經濟危機。

如果這個月你恰巧碰到了幾件需要大花血本的事情，那麼你便不會愁眉苦臉地四處想辦法借錢了，你的儲蓄或許能夠在很大程度上解決你的燃眉之急。

其次，由於有這筆積蓄，你可以在適當的時機取出一部分用來進行收益高的投資活動，加速你的致富之路。目前流行的理財工具中，主要以股票和基金為主。理財大師告訴我們，無論這兩者中的哪一種，要想贏利，都需要放長線，才能釣大魚。這句話怎麼理解呢？就是說要買那些戰線拉得很長的股票或基金，即使從它們目前來看，或許利益不大，情況不那麼樂觀，可是長期發展下去必將有所收穫。當然，進行這種長期的投資是需要經濟基礎的，也就是說這筆錢對你而言是可以長時間壓在上面的。所以銀行有積蓄，手頭不缺錢就成為一種必要的前提。

當然，手頭上留出的這部分錢還有一個最重要的用途，那就是用來養那隻會下金蛋的鵝。在這隻鵝沒有滿足之前，你是不能夠亂動這筆錢的。「手頭的錢留夠了嗎？」實際上是在檢查自己能不能養得起這隻會下金蛋的鵝。留夠了，養得起，才能助你完成你的財富美夢；否則，就是鵝去財空的下場。

下面讓我們一起來看看理財大師，告訴我們的「養鵝」祕笈。

第一，為這隻鵝另立一個帳戶，預付自己的薪水，積少成多。在月初時，便把你收入的儲蓄比例金額存入養鵝帳戶，並申請長期轉帳合約。那麼每一個月初，銀行會自動把那個比例的金額轉入那個帳戶，甚至不會浪費你的時間。

第二，除了養鵝之外，不要亂動養鵝帳戶的錢。用正確的養鵝原則去培養那隻會下金蛋的鵝，讓鵝給你帶來更多的財富。

然而，為什麼依然有很多人的儲蓄最終以兩手空空告終呢？總結一下大概有兩個方面的原因：首先就是貪婪，很多人不願意把錢存在銀行中，他們更喜歡把錢統統投資以換來更多的回報。運氣好或者投資順利自然是樂觀的，然而萬一投資失敗將代表著全部家當付諸東流。對於投資是有風險的，連世界著名的投資大師們也不可能拍著胸脯向你保證每一次的投資都是贏利的，所以要適當地儲蓄，適當地投資，不要貪婪過度，最終賠了夫人又折兵。

因此，投資大師一般都會建議我們抽出百分之幾的比例用來儲蓄，這個比例既會讓你的儲蓄有真實的意義，又不會讓你覺得過重而心疼。其次是選擇了錯誤的儲蓄時間。投資大師建議我們在月初就把錢劃入養鵝帳戶是有道理的，因為在月初的時候我們可以自由支配的金額是比較多的，而到月末時，我們往往容易成為「月光族」而放棄了儲蓄，這樣就容易半途而廢。

另外，當我們的月收入有所提高時，很多人容易因此而大手大腳，造成一些浪費。針對這種現象，投資大師的意見是：把收入增加部分的一半也存入銀行，成為自己的儲蓄金額，這樣既可以增多手頭儲蓄，而且也限制了我們因為薪資上漲而帶來的不必要的金錢浪費。

2．審慎投資基金

葛老先生是某學校的退休員工，十年前他從26萬元起步，此後堅持長期投資基金，如今資金已經如滾雪球般增長，成了名副其實的千萬富翁。基金的錢真有這麼好賺嗎？他是怎麼做到的？

關於投資基金的機緣，原來葛老先生是從諾貝爾基金中獲得的靈感。諾貝爾基金會設立已經有100多年的歷史了，當時的獎金總額是約合920萬美元。奇怪的是發出去的獎金從當初到現在已經不知道翻了多少倍，可是獎金卻一直還沒有用完，後來葛老先生查了很多資料、詢問了專家了解到，是因為諾貝爾基金會一直大膽地在世界各地主要的股票和證券市場投資，這樣才順利讓基金會的資產得以增值，而把大量的資金放在基金管理公司獲得收益，更是其中最重要的一個方面。

十多年前，「基金」對於身邊人來說還僅僅是一個新興的名詞，許多人並不是很熟悉，雖然從一些理財專家的口中，他得知購買基金的風險很低，但是葛老承認當時自己買的時候還是冒了點風險的。

一九九八年，國內第一支封閉式基金發行，雖然只有中簽的人才能買到，但是葛老先生還是幸運地買到了，他一下子把幾乎所有的積蓄——26萬元傾囊投入。葛老先生買基金特別喜歡那種有品牌的、穩健的。從華安公司發行的第一支開放式基金開始，他就成了華安的擁躉，前前後後自己一共購買了10多支基金，其中很多都是華安的。

從二十一世紀初一度的火爆到股市熊市時的沉寂，基金曾經帶給投資者百味雜陳的記憶。如同葛老先生那樣擁有比較長投資年頭的人可說並不少，但罕有的是，他能夠這樣堅持10年持續投資。據葛老先生自陳，其實一開始他也很擔心，但隨著購買基金的狂潮一陣陣襲來，關於購買基金的一些知識越來越普及，自己對基金管理公司的了解也越來越多，也就慢慢放下心來了。

葛老先生與老伴的月退休金加起來就有五千多元，平時綽綽有餘，以至於這十多年來，葛老購買的10多支基金幾乎都沒有贖回，即使是期間的分紅也是拿來再購買其他品種的基金。而他和老伴平時節餘的薪資也都拿來買基金，其實葛老心裏也不是沒有害怕的時候，二〇〇五年，葛老手中持有的封閉式基金，由原來的180萬元，一度縮水到90萬元不到，由於猶豫不決，他錯過了一次贖回的時機，葛老的兒子沉不住氣了，因此還和他起了爭執，但分析再三，葛老還是認為股市是有機會的，因此基金不可能長久沉寂，還是有機會的。這點固執的勁頭讓他最後順利翻身，到現在他手裏還持有這支基金。手中的總資金量從一開始的26萬元增值到現在的千萬元資產，很大程度也得益於此。

葛老先生說，其實自己在之前也曾經接觸過其他的理財方式，比如說股票，一九九三年的時候自己一狠心就買了4萬元的馬鋼股份，心想儘管股市的風險比較大，但鋼鐵業是國家的支柱產業，而且這鋼鐵公司的業績還不錯，一定沒有問題的。可是不巧的是當時的股市非常低迷，自己對股市也並不是很懂，4萬元就躺在熊市裏面一年多都沒有出來。到了第二年不得不割肉的時候，算算真是虧了不少錢。葛老說，打那以後自己就再也沒有接觸過股票，主要是因為自己的年紀也大了，不可能天天去盯著大盤，其中的風險更是承受不了。

而在近幾年還接觸過一些保險品種，投入的資金也不少，但不像基金管理公司在幫你理財的同時，只收取少量的手續費之類的費用，比較省心。用葛老先生的話來說就是，買基金比炒股穩當省事，比放在銀行收益高，是最適合老年人的理財方式，真是何樂而不為呢？

作為一種投資工具，證券投資基金把眾多投資人的資金彙集起來，由基金託管人（如銀行）託管，由專業的基金管理公司管理和運用，通過投資於股票和債券等證券，實現收益的目的。因此，從概念來看，與股票相比，基金風險小，收益大，適合穩健型的投資者。

不過風險小，並不意味著沒有風險，為了盡可能地規避風險，在投資基金時，應該注意如下幾個事項：

買基金關鍵是選擇「人」

因為買基金就是請人幫你挑股票，所以一定要考察你請的人——也就是基金公司，是否值得託付。以長期的眼光看來，基金誠信與經理人素質的重要性甚至超過基金績效！

那麼怎麼選基金公司？首先看整體。優秀的基金公司可以分成兩類：一類是大象型的，另一類是獵豹型的。不要忘了，在非洲大草原上，就是這兩類動物活得最長。大象型基金公司有很強大的股東背景，實力比較大、規模比較大、目光比較遠、人才儲備比較強，方方面面都長得像巨象一樣。這種大象型的公司抗風險能力會比較強，經得起市場上的大風大浪。我們提倡基金要長期投資，如果買了一個基金可是基金公司都不在了，再好你不也心裏打鼓嗎？所以大象型公司的基金可以作為「核心——衛星策略」當中的「核心」，長期持有。另一類就是獵豹型的公司，這類公司沒有那麼強的股東背景，但是市場反應能力很強，投資理念比較有特色，它的短期業績可能比一般的公司高，這類公司的基金可能適合「衛星」配置，投資上相對靈活、機動。

看細節

優秀的基金公司細水長流，一般的基金公司集中轟炸。優秀的基金公司在沒發行基金時也經常跟你接觸，調查投資需求，跟客戶不斷地溝通互動，所以你會經常聽到優秀的基金公司舉辦的各種理財會、聯誼會等，不斷地拓展關係。

一般的基金公司就像曇花一現一樣，發基金時鋪天蓋地的廣告，可是一下子就沒了。另外，優秀的基金公司分享理念，一般的基金公司推銷產品。優秀的基金公司重視投資理財理念的傳播，經常把它自己的投資理念、思路和他們未來的戰略慢慢傳導給你，可是一般的基金公司就建議你這個產品好、買吧，再來一個產品就說這個產品適合你，總是在推銷產品。

看團隊

優秀的基金公司有一個整齊的團隊，並不非常突出明星基金經理的作用，投資團隊中的每一個人都像一個有獨門武功的武林高手，但如果沒有經過嚴格訓練和制度約束，很可能各自為政，不能成為一支有強大作戰能力的軍隊。所以說看基金經理更要看後面的團隊狀況，看團隊是不是能夠不斷培養新的人才，不斷創造優秀的業績。

成功投資資金的「十大真經」

基金具有專家理財、組合投資、分散風險，買賣程式簡便等優點，不過要想在基金市場成功掘金，在投資之前首先要了解如下十大真經。

一、分散投資的深層含義在於投資於不同市場並非不同產品

「不要把雞蛋放在同一個籃子裏」這被許多投資者奉為聖經，但事實上這一點在基金投資裏卻有著更加深入和具體的問題需要我們注意。因為現在投資者手中的基金產品，還是以股票型居多（有較大比例股票投資的配置型基金也歸入股票型基金中）。所以，即便你投資了多支基金，但並不能減少淨值波動帶來的風險。這種結果的產生，簡單地說就是股票型基金的主要投資對象都是股票市場。

如果把股票市場比做籃子，這些雞蛋（股票型基金）其實都是放到了同一個大籃子裏，並沒有形成跨市場的投資，比如國外常見的跨國家和地區的投資基金，或者是跨股票、貨幣和債券市場。既然所投資的市場是同一個，持有的股票型基金再多也沒有本質的區別，所以分散投資股票型基金到最後卻成了集中投資，當面對較大的系統性風險時，集中持有多支股票型基金，實際上是放大了基金淨值的波動風險。所以說，分散投資的深層含義在於投資於不同市場，以避免系統性風險，而不是對同一市場重複投資。

二、不要使核心組合與非核心組合失衡

好的基金組合應是一個均衡的組合，即組合中各類資產的比例應維持在相對穩定的狀

態。隨著時間的推移，各項投資的表現各有高低，如果某些投資表現特別好或特別差，會使整個組合「失衡」。

如果你持有許多基金卻不清楚為何選擇它們，你的基金組合可能缺少核心組合。針對每項投資目標，你應選擇3～4支業績穩定的基金構成核心組合，其資產可以占到整個組合的70％～80％。核心組合外的非核心投資可增加組合的收益，但同時也具有較高的風險。如果投資過多的非核心部分，可能不知不覺地承擔著過高的風險，而阻礙了投資目標的實現。

核心組合與非核心組合的比例，不僅取決於投資者自身的風險偏好，還可以根據投資者自身對於市場的判斷進行戰術性調整。也就是說，有一定投資經驗的投資者，可以根據其對未來短期內市場走勢的判斷，增加或減少非核心組合的比例，例如市場趨好時，投資者可適度增加非核心組合的比例以追求更高的收益。

三、不盲目追求規模，要綜合評價基金公司

目前，中國基金市場還沒有一個成熟的行業標準，一些基金評級機構目前的評級也基本上停留在基金排名上，並沒有涉及對基金經理的評價。大部分投資者對於基金公司及基金經理的評定，只簡單停留在過往業績評價。國外評定一位明星基金經理一般要看3～5年，10年時間才能產生一位明星基金經理，而中國基金業只有6年多的歷史，基金經理的平均任期

只有1年半。因此，投資者在選擇基金產品時應綜合考慮公司股東背景、治理結構、投資團隊整體實力、產品的風險收益特徵等多項因素。

從基金產品上來講，每一支基金，按照市場的深度與廣度、基金品種的特點與投資工具、公司的運營管理水準，應有它合理的規模。多大的規模適合自己公司的投資、適合股票市場的容量、為投資人帶來領先的收益，這就需要根據基金公司的發展目標和自身的投資管理能力來決定。如果基金公司盲目追求發行規模，最終是會損害投資者的利益。諾安基金公司就明確提出，發行基金產品，更重要的是作出業績，樹立品牌，而不應盲目追求發行的規模形式。

四、成熟理財，不要跟風贖回

市場的巨額贖回潮，造成了一些持有人的恐慌心理：「別人的都贖回來了，我的那份是不是也應該落袋為安啊？」這種心理左右著投資者的投資行為。

另外，一些投資者還擔心，年底其他投資人的贖回，會導致基金淨值的下降，從而使自己的資產遭受損失。

其實這是對基金認識的一個誤區，股票升值，許多投資人選擇在高位大量賣出，會導致股票市值的下跌。基金不是股票，其淨值並不會因為遭遇巨額贖回而下降，唯一影響其淨值的是投資組合的收益率，即使基金規模跌破2億元的設立下限，但只要投資組合是贏利的，其淨值依然在面值以上。

五、投資基金不分新老，只分好壞

關於是買新基金好還是老基金好，這樣的討論一直無休無止……但所有關於新基金和老基金的判斷都是建立在太多的假設基礎上的。假設很難控制，所以答案也就很難有實際的操作意義了。最妥當的做法是：不管是新基金還是老基金，要買就買好的基金。

很多人比較看好新基金，認為買「老」基金不划算。他們一般會認為，「老」基金淨值已經有了較大升幅，而且申購費也比新基金高，投資成本比起新基金要大得多，看起來不很划算。其實與新發基金相比，老牌績優基金有更多的優勢，久經熊市、牛市雙重考驗，基金管理人的管理運作水準和風險控制能力已經得到檢驗，而且已經為投資者持續奉獻了豐厚的分紅回報；老牌績優基金在服務投資者的手段方面普遍多樣化和人性化，服務品質也更加細緻和周到。而且老牌績優基金的客戶群體較為穩定，有利於基金的穩定運作。

不少投資者喜歡購買新發的基金，究其原因，主要是新發基金在認購期的宣傳力度很大，容易給投資者帶來視覺和聽覺上的衝擊，加上銀行、券商等基金代銷網點的主動性推銷，致使投資者在看待新基金和老基金的關係上有所偏頗。實際上，新基金和老基金在本質上並沒有差異，完全是同質性的產品。每一支新基金都會取很吸引人的名字，但無論是「穩健增長」、「動力平衡」、「先鋒」還是「積極配置」、「經典配置」，都只是基金的名稱而已，基金本身並沒有本質上的差異。歸根到底，我們買基金產品，就是希望基金淨值能夠上漲，而且漲得比別的基金要多一些，也就是我們希望買到一支「好基金」。所以，不管它是老基金還是新基金，關鍵要是能給我們帶來收益的好基金。

新基金和老基金都有各自的優勢，作為投資者，關鍵就是要了解到它們的特點，根據自身的情況來作出適當的選擇。

六、基金不是「炒」出來的

波段操作，是一些短線客常用的股票操作手法，但此方法並不適合於基金。對於開放式基金而言，不存在價格與價值的差異，不像股票一樣受供給需求影響。只要基金管理人有較好的運作業績和穩定的管理團隊，應該作為一種長期投資工具持有。

目前大陸股市前景看好，但大批個人投資者「只賺指數不賺錢」。主要是因為個股走勢受到諸多因素的影響，需要專門的研究才能發現。基金公司作為專業投資理財隊伍的優勢極其明顯，能夠作出最優投資決策，讓投資者輕鬆分享經濟增長而帶來的投資回報。但部分投資者投資基金低買高賣，像買股票一樣進行短線操作，而忽視基金的抗風險性和長期收益能力。以諾安平衡基金為例，其過去5年的類比投資組合在牛市能夠與大盤上漲同步，熊市中只承擔大盤40％的風險，如果長期持有，累計收益將遠遠高於大盤的累計漲幅。

另外，基金的持有人，其實是無法選擇做波段操作的，因為我們沒有辦法判斷所謂基金的「高位」和「低位」，也就沒有辦法在「低點」買進和在「高點」賣出。一些投資者在基金淨值上升後贖回基金，希望在淨值回調時再申購，賺取差價。其實開放式基金價格是淨值的體現而不是由市場供需關係所決定的，好的基金，其淨值是不斷增長的，所以基金投資應該是中、長線的投資。經常地買賣基金，對於非專業人士來說，是一件難以把握的事情。

在國外，基金回報率達幾十倍上百倍的例子比比皆是，這些回報是通過10年、20年甚至更長的時間累積起來的。當我們選定了一支好的基金，就應該耐心持有，當真正有消費需求時再贖回。這樣我們既節約了投資成本，又避免了下錯車的風險。

七、開放式基金不分貴賤，主要追求高回報

開放式基金與股票和封閉式基金不同，沒有貴賤之分，是否能夠實現高回報才是關鍵。封閉式基金或股票價格是市場上進行買賣的投資者雙方供求關係的集中體現，存在價格脫離實際價值的情況，即存在折價或溢價的時候，故也就可能存在價格高、風險高的問題。但對於開放式基金而言，其價格即基金單位淨值是基金的淨資產和基金總份額的比值，投資

者據此申購或贖回，基金單位淨值就是基金實際價值的真實反映，不存在溢價或折價，故並不存在單純價格高就風險高的問題。

在不考慮費用的情況下，如果投資者以5萬元買入基金單位淨值為1元的某新基金，基金份額為5萬份，假設年淨值增長率為15%，那麼一年的總回報為0.75萬元；如果將該5萬元買入基金單位淨值高達1.25元的某老基金，年淨值增長率也為15%，雖然持有人獲得的基金份額只有4萬份，但一年的總回報同樣為0.75萬元。

八、不要把淨值高低作為選擇基金的唯一標準

基金淨值未來的成長是判斷投資價值的關鍵。淨值的高低除了受基金經理管理能力的影響之外，還受很多其他因素的影響。若是基金成立已經有一段時間，或是自成立以來成長迅速，淨值自然就比較高；如果成立的時間較短，或是進場時點不佳，基金淨值相對較低。如果只以現時基金淨值的高低作為是否購買基金的標準，就可能作出錯誤決定。購買基金還是看基金淨值未來的成長性，這才是證券的投資方針。

九、基金分紅並不能夠增加持有者的利益

基金分紅並不能夠增加持有人的利益，因為分紅的錢已經從淨值中除掉了，分紅本身並

不增加盈利。同時，分紅解決的是投資者可能需要資金或有另外投資的需求。如果這兩方面需求都沒有，基金公司一般會鼓勵投資者選擇紅利再投資。實際上分紅等於將左邊口袋裏的錢拿出一部分放到右邊口袋。

持續分紅的基金長期來看收益高於很少分紅的基金，這在成熟證券市場中確實有這樣的統計資料。但前提條件是：第一，基金定期分紅；第二，證券市場波動性大，至少不能是單邊市。在國內市場中尚無統計資料證明定期分紅基金回報高於追求淨值增長的主動基金。

十、不要頻繁地申購與贖回

分紅後，基金淨值會有一個突然下落的情況。但這並不意味著基金投資人的收益會減少了。分紅使得基金的淨值下降，但是基金的累計淨值依然是不變的，投資人的實際收益也是不變的。

實踐證明，大部分投資者都是在贖回後，會以更高的價格再贖回來，並且還要付一定的手續費：根據規定，基金申購、贖回都是要交納一定的手續費，申購費率為0.25%～0.5%，一個來回，1.5%～2%的收益率化為烏有。所以投資於基金，除了投資者應對基金有一個正確的認識之外，頻繁地申購和贖回基金份額，對投資者來說不是一件明智之舉，因為你既然選擇了基金這種理財方式，你就應該充分信任為你理財的專家。

3．利用金融衍生品「四兩撥千斤」之效

「四兩撥千斤」是中國兵法中經典的智慧，針對投資理財，簡單地說，就是用最少的投資，獲得最大的回報。

一九八一年9月1日，在法國的一個著名地段，貼了一張3米長的大海報，一位穿三點式泳裝的性感女郎，向來往的行人微笑，招來很多人的停留。這時，一行大字就會映入人們的眼簾：9月2日，我會把上邊的脫去！

人們都覺得有意思，都等著9月2日的來臨，好像這一天來得太慢了。到了2日，大家一早就跑來看究竟，結果「上邊的」真的不見了，女郎露出漂亮的乳房。與此同時，人們看見她旁邊又多了一行字：9月4日我會把下邊的也脫去。

大家都不知道這是怎麼回事，紛紛打電話去報社問，卻怎麼也探不到內情。9月4日，大家都跑去看海報，結果女郎「下邊的」也真的沒有了，不過她轉過身去，背對著觀眾，旁邊又加了一行更大的字：「未來海報公司，說得到，做得到！」

一下子那麼多觀眾，那麼多的媒體都關注了這個事件，所以他們都記住了這家海報公司。該公司也因此聲名大噪，錢財滾滾而來。這家海報公司醉翁之意不在酒，先把人們的胃

口吊足了，讓人們急於知道結果，然後它告訴人們「說得到，做得到」，輕易地把自己的理念傳播出去了，觀眾也記住了，其實世界上很多大企業都知道媒體力量不可小看，畢竟是它們在引導消費時尚和公眾理念，所以很多公司都善於利用媒體把自己置於公眾的焦點之內，這些都充分顯示了「四兩撥千斤」的智慧。而如今當我們從事理財、從事投資時，更需要的是這種「四兩撥千斤」的策略。

在如今的投資理財界，正如芝加哥期權交易所副主席John Smollen所指，從某種程度上說，衍生品的一個基本功能就是它的槓杆力。「四兩撥千斤」可以非常準確地用來描繪這個功能。從本質上說，金融衍生品是一種廉價而高效率的品種，它將標的金融工具所固有的風險屬性分解開來，把它們分別轉移給能更好地處理和吸收它們的人。近年來衍生工具在金融界的流行，很大程度上是因為衍生品，如期權、基金、黃金等廣受大眾歡迎的投資對象，特別是期權，在風險管理中所起的定價、評價和估量的功用。富人一般都有較強的征服欲，金融衍生品的以小搏大的屬性正好迎合了富人的這種性格，使其成為富人所鍾情的投資產品。

股指期貨交易是以股票指數為交易標的的期貨交易，目前是金融期貨中歷史最短、發展最快的金融產品，已成為國際資本市場中最有活力的風險管理工具之一。其原理是在預測股指將下跌時賣出股指期貨合約，在預測股指上升時買入期貨合約。在市場可能出現波動的時候，投資者可以在不賣出股票本身的情況下對其投資進行保值，從而保護投資者的利益。股指期貨屬於一種既能為投資者規避風險又能創造收益的投資工具。股指期貨的走勢實際上是與個股緊密相連的，而且具備了期貨交易的特點，通過買空賣空，提高資金的利用效率，增加獲利機會，即使在熊市中也可能獲利。例如，投資者持有股票時，可通過賣出股指合約以預防股市整體下跌的系統性價格風險，在繼續享有相應股東權益的同時維持所持股票資產的原有價值；相反，如果投資者預計大盤要上漲又來不及全面建倉，則可通過買進一定數量的多頭股指期貨合約以避免踏空。

以小搏大的股指期貨交易特點備受富人關注，因為指數期貨交易採用保證金制度，支付一定數量的保證金後就能進行交易。假設上證指數處於1500點，根據上證指數期貨合約每點價值100元計，一張股指合約價值為150000元（1500×100），保證金（按10％算）只需約1.5萬元。如果上證指數上升1％，即15點，則可贏利1500元，這就是上證指數期貨能夠為投資者提供的10倍的槓杆回報。由於保證金交易的特殊性，其風險較高。如果指數下跌1％，投資者蒙受的損失可能是10％甚至更高，根據交易規則，還需要每天結算（逐日結算：投資期貨每次的輸贏金額都比較大，所以結算時公司會根據每天的結算價格，計算客戶保證金帳戶的存款餘額，一方面看看客戶是否需要補繳保證金，另一方面客戶有投資獲利時將款項撥入其保證金帳戶，或有虧損時從保證金帳戶扣除，這是與股票資金運用的根本不同之處），對投資者的風險控制能力要求也比較高。股指期貨作為「四兩撥千斤」的一種主要衍生品，已經受到很多富人的鍾愛，富人們越來越多地投資於期貨，以期獲得更大的收益。富人們之所以對股指期貨比較垂青，其中的一個重要原因是股指期貨可以讓投資者在理財方面獲得巨大的收益。

蓋瑞．貝弗德是美國國債期貨市場的主力大戶，他如何擁有那麼多資本，在以法人機構為主力的華爾街國債期貨市場進出自如呢？貝弗德是在25年前，以一千美元的資金開始從事期貨交易的，最初他因為受限於資金規模，只是從事玉米期貨交易，慢慢地積累了一筆令人驚羨的財富。蓋瑞．貝弗德從不相信分散投資，他的交易哲學是：挑選一個品種，然後專心研究，成為該領域的專家。在他的交易生涯中，黃豆及相關的穀物市場是他交易的重心。

雖然蓋瑞．貝弗德從一開始就希望成為一位全職的交易員，但由於資本太小，早期他只能做一個兼職的交易員，在一家小型經紀公司任職。他當時面對的問題是：如何從一個欠缺資金的兼職交易員變成一個具有充裕資金的專業交易員。蓋瑞．貝弗德非常希望成為專業交易員，這個強烈的欲望使他勇於承擔較大的風險，籌措自己所需的資金。

一九六五年，蓋瑞．貝弗德根據自己對黃豆市場的了解，以及他的農業經濟教授湯瑪士．海歐納莫斯的意見，判斷黃豆價格將上揚，於是他孤注一擲，用所有資金買進20手黃豆合約。起初，黃豆價格下跌，蓋瑞．貝弗德瀕臨破產邊緣，但他咬緊牙關硬撐下去，終於等到黃豆價格飆升。當蓋瑞．貝弗德賣出這20手合約時，他的資產增加了一倍，借助這一筆成功交易，他向全職交易員的目標邁出了一大步。

從此以後，蓋瑞・貝弗德的交易一帆風順，到了二十世紀80年代初期，他的交易規模已達到美國政府規定的黃豆與穀物投機持倉的上限。由於這一原因，再加上一九八三年時一筆非常糟糕的黃豆交易，促使蓋瑞・貝弗德將交易重心轉移到當時還沒有投機部位上限規定的國債期貨市場（後來國債期貨也實行投機部位上限規定，最高不得超過10000手合約，而黃豆期貨的投機部位上限為600手）。

對蓋瑞・貝弗德來說，一九八三年在黃豆市場的失敗是其交易生涯的轉捩點，但也因此正好趕上在國債期貨行情跌到谷底時進入這個市場，並持有大量多頭持倉。一九八四年到一九八六年年初，國債期貨行情持續上揚，而蓋瑞・貝弗德由於長期做多，不但達到了成為全職交易員的目標，也成為國債期貨市場中少數幾位能與法人機構平起平坐的交易員之一。

蓋瑞・貝弗德寡言、保守且性格內向，他從事交易與分析市場的基本方法是進行基本分析。不過，蓋瑞・貝弗德發現很難全部了解市場基本面，因此他還會依靠其他資訊手段，以免基本分析產生錯誤，並由此開發出一套趨勢追蹤系統。他認為，要成為一名成功的交易員，可以從學習如何使用交易系統開始，剛出道的交易員可以從趨勢追蹤系統中學習到如何獲利與減少虧損的竅門。後來，蓋瑞・貝弗德曾經研究過公開出售的交易系統，結果發現這些交易系統進行的交易次數太頻繁。如果一套系統總是頻繁進行交易，就會導致交易成本過高，並使這套系統的獲利能力降低，蓋瑞・貝弗德認為趨勢追蹤系統最好是屬於中長期的系統，因為過於敏感的趨勢追蹤系統只會使經紀傭金增加。

趨勢追蹤系統除了能養成投資人的交易習慣外，蓋瑞・貝弗德還建議使用趨勢追蹤系統的投資者在交易時必須加上自己的判斷。換句話說，投資者應該把資金分為兩部分：一半用趨勢追蹤系統進行交易，另一半則用自己的判斷從事交易，以免趨勢追蹤系統失靈。目前，蓋瑞・貝弗德基本上以自己的判斷為主，因為他認為趨勢追蹤系統的效用已大不如前，這主要是由於太多人使用相同的系統所致，如果市場上許多人都在做同一件事，市場一定會經歷一段調整期。

一筆完美交易的構成條件中，最重要的是把握勝利，乘勝追擊，並儘量減少損失。如何在有利的行情中繼續持有某個部位呢？如何避免過早獲利回吐？蓋瑞・貝弗德認為最好的方法是在交易前先進行全面考慮，必須設計一套能夠應付多種偶發事件的交易策略，同時還應該設計一個能夠保住勝利果實的長遠目標。另外，還可以利用趨勢追蹤系統來提醒投資者出場的時機，避免過早獲利回吐。

蓋瑞・貝弗德之所以能夠從黃豆期貨的失敗中走出來，再去從事另一種期貨——國債，在期貨這種衍生品中再次站起來，而成為一個國債大師，正是由於他懂得不斷進步，懂得用別人不一樣的思維來獲得更多的利益。而大部分其他從事理財投資的人無法獲得大利益的原因就在於他們不懂得利用「四兩撥千斤」的方法。正如五礦實達期貨經濟董事長李福利所言：「衍生品市場已經越來越受到眾人的關注」。正是這樣的衍生品讓富人們從期貨中不斷獲得利益，越來越與富人們彼此惺惺相惜。

4．只有具備一定的資產保障後，才涉足期貨市場

商品期貨是指標的物為實物商品的期貨合約。商品期貨歷史悠久，種類繁多，主要包括農副產品、金屬產品、能源產品等幾大類。具體而言，農副產品約20種，包括玉米、大豆、小麥、稻穀、燕麥、大麥、黑麥、豬肚、活豬、活牛、小牛、大豆粉、大豆油、可可、咖啡、棉花、羊毛、糖、橙汁、菜籽油等，其中大豆、玉米、小麥被稱為三大農產品期貨；金屬產品10種，包括金、銀、銅、鋁、鉛、鋅、錫、鎳、鈀、鉑；能源產品5種，有原油、取暖用油、無鉛普通汽油、丙烷；林業產品2種，有木材、天然橡膠。

各國交易的商品期貨的品種也不完全相同，這與各國的市場情況直接相關。例如，美國市場進行火雞的期貨交易，日本市場則開發長繭絲、生絲、乾繭等品種。除了美國、日本等主要發達國家以外，歐洲、美洲、亞洲的一些國家也先後設立了商品期貨交易所。這些國家的期貨商品，主要是本國生產並在世界市場上占重要地位的商品。例如，新加坡和馬來西亞

主要交易橡膠期貨；菲律賓交易椰乾期貨；巴基斯坦、印度交易棉花期貨；加拿大主要交易大麥、玉米期貨；澳大利亞主要交易生牛、羊毛期貨；巴西主要交易咖啡、可可、棉花期貨。新中國成立前，中國期貨市場主要的期貨商品包括：金、銀、皮毛、花紗布、糧油、麵粉、麩皮、棉布等。現在的中國期貨市場起步於二十世紀90年代初，目前上市的商品期貨有農產品、有色金屬等10個品種，從交易情況看，銅、大豆等品種交易比較活躍。

商品期貨交易的了結（即平倉）一般有兩種方式：一是對衝平倉；二是實物交割。實物交割就是用實物交收的方式來履行期貨交易的責任。因此，期貨交割是指期貨交易的買賣雙方在合約到期時，對各自持有的到期未平倉合約按交易所的規定履行實物交割，了結其期貨交易的行為。

實物交割在期貨合約總量中占的比例很小，然而正是實物交割機制的存在，使期貨價格變動與相關現貨價格變動具有同步性，並隨著合約到期日的臨近而逐步趨近。實物交割就其性質來說是一種現貨交易行為，但在期貨交易中發生的實物交割則是期貨交易的延續。它處於期貨市場與現貨市場的交接點，是期貨市場和現貨市場的橋樑和紐帶，所以，期貨交易中的實物交割是期貨市場存在的基礎，是期貨市場兩大經濟功能發揮的根本前提。在商品市場蓬勃發展的大背景下，新商品交易所紛紛開張，老交易所不斷擴展業務，由此催生了期貨市場的牛市。曾得出「期貨市場風險低於股票」結論的高頓教授，在研究中發現，投資者可以通過觀察遠期市場和現貨市場的價格差，來確定市場存貨是否減少到了足以讓期貨合同有利可圖的水準，從而獲得更高的回報。

由此可知，其實商品期貨市場同股票一樣具有很大的風險，在從事商品期貨之前應該先衡量風險程度，再考慮自身的條件是否足夠承擔這樣的風險，在從事每項投資之前都應該考慮到商品期貨的最壞可能性。如果不能做到這一點，在面對困難的時候，就沒有辦法承擔相應的責任，在面對挫折的時候就會對自身的投資失去信心。而在從事商品期貨投資時也是一樣，應該能夠準確地評估用現有的資本在投資於所謂的商品期貨之後是否能夠為你贏來更多的資本。假如你的底子不夠厚的話，由於市場風險的存在，你根本就無法估計你的錢財投入此項商品後是為你贏利，還是讓你輸得一敗塗地。如果對風險估計不夠，沒有充分考慮到自己的經濟能力，在你投資失敗後，將無法再從失敗中站起來，因為沒有足夠的資本去投入到新的商品期貨市場中去。期貨具備較強的槓杆力，富人自然不會錯過這項投資產品，不過富人對於期貨市場的染指是有條件的，他們只有具備一定的資產保障後，才會涉足期貨市場。

投資大師羅傑斯曾說過：「商品期貨相較於其他的期貨具有更大的潛力。」但話雖如此，任何理智的投資者都不應該把自己所有的財產都投入到商品期貨市場中去，因為羅傑斯的關於期貨的論斷還有這樣一個前提：投資者應該充分度量自己是否有足夠的資產來應對期貨市場的風險。二〇〇八年2月25日，羅傑斯說，美聯儲不斷開動印鈔機來試圖避免經濟陷入衰退，顯然，它們只是在為美國經濟創傷貼一片創可貼。他預計，只要美聯儲和聯邦政府繼續犯這種錯誤，美國經濟減速將持續更長一段時間，甚至可能成為美國歷史上最長的經濟衰退期之一。

商品市場的全線飆升伴隨美元的持續貶值。在二〇〇八年1月份連續兩次減息後，伯南克暗示3月份可能會再次減息，以確保經濟不會陷入衰退。儘管美聯儲官員聲稱通脹仍然處於控制之中，然而市場人士相信通脹這個妖魔已經被美聯儲從魔瓶中釋放出來了。

「我認為商品期貨比股票更值得投資。我的女兒沒有一支股票，但是有幾支商品期貨。」美國投資大師羅傑斯稱。他是在「對話羅傑斯」論壇上作出這樣表述的。羅傑斯認為，商品期貨在今後10～15年將繼續保持熱度，因為自然資源不斷枯竭，供需矛盾不斷增加，商品的價格只可能逐年增加，而不會持續下跌。

羅傑斯以石油為例進行了說明，「石油期貨是非常好的投資產品，因為大部分產油國的油產量都在下降。英國從原油輸出國變成輸入國，中國、馬來西亞的石油進口逐年增加，印尼是歐佩克成員，但是將很快退出歐佩克。現在石油的需求上升，產出卻在下降。亞洲、歐洲、美國的供需矛盾日益突出，石油價格居高不下將會持續，未來15年石油市場肯定是牛市。」

所有的現象都在向人們傳達這樣一個資訊，商品期貨市場已經越來越為人們所重視，而商品期貨市場的確有較大的可能性為人們帶來巨大的利益，但在這樣的市場中同樣存在著高風險。你如何確定你購買的商品在未來是升值還是貶值？你如何確定你所購買的商品為你所帶來的風險有多大？因此，富人在準備進入某種商品的期貨市場前，首先會考慮自己手上的資金有多少，商品的成本是多少，自己輸掉的可能性有多大……富人認為只有將這些因素綜合考慮全面，才能夠準確判斷自己所擁有的資金是否足夠，這種商品是否值得投資……富人的做法確實是萬全之策，假如你手上現在只有幾千美元，此時你看油價在迅速上漲，便學他人一樣將自己所有的資產投入到石油這樣的商品中，但如果你剛購買了石油後，油價就迅速下降，你該怎麼辦？你一共才幾千美元全都在石油裏面化成烏有，那你以後如何能再從中獲得資產進行其他的期貨投資呢？所以，當聽到商品期貨大師們說「期貨市場前景一片光明」時，你應該冷靜下來，先翻翻自己的錢包，看看所擁有的金錢籌碼是否已經允許自己進入期貨投資的遊戲。

商品期貨的另一個特殊之處就在於它一開始根本無法決定價格，並不是說商品成本越高你就可以要求越高的售出價，在很大程度上，商品的價格更多地取決於如今市場上的供求關係。當市場上供過於求時，即使商品成本再高，也只能遵循最低的價格，而相反，如果市場上供不應求時，你就有足夠的理由讓商品價格遠遠高於成本，這樣你就可以從商品中獲得較大的利益。正是因為商品期貨的這樣一個特點，致使商品價格波動比較大，而投資回報與風險溢價就會更高，此時就更需要投資者自身具有雄厚的資金作為其後路。沒有雄厚的資金，當商品降價時你可能因為無力承擔更大的資金丟失或沒有更多的流動資金，而選擇將手中的商品以低端價格拋出去，但所有的期貨其實都遵循著這樣的規律——當它跌到一個極限後等待它的必然就會是一個迅速的高升，正因為你沒有雄厚的資金讓你承擔更多的資金丟失從而讓你選擇了儘快地將其銷售出去，最終的結果只是讓你在這樣的市場中成為一個失敗者。

針對這樣的問題，人們提出了通過引入期貨合同以減少自身的損失。期貨合同是一份規定賣方在未來特定時期、以特定價格，交割特定數量某種商品的合同。標準的期貨合同創立出來後，便可在二級市場上自由流通。實際上，只有2%的期貨合同到期時真正完成了商品的交割。在絕大多數情況下，雙方僅是通過買賣新合同沖抵原先的合同。交易雙方的盈虧靠的是兩份合同間的價格差來決定的。

例如，一份芝加哥期貨交易所內的玉米期貨合同，規定了五千蒲式耳（約合35.238升）的玉米，近期交易所內，交貨期是二〇〇八年3月份的玉米期貨合同大約是每蒲式耳3.9美元，即期貨合同的持有者必須在二〇〇八年3月份以19500美元的價格購買五千蒲式耳的玉米。玉米的生產者，如種玉米的農民，可能會賣出這樣的一份合同，來鎖定未來某個日期的玉米銷售價格，以獲得抵禦市場價格下跌的一種保險。合同的另一方，投資者或者投機商會願意提供這樣的保險，並希望從商品價格上漲中牟利。如果二〇〇八年3月份的玉米價格升到了每蒲式耳4美元，就意味著期貨投資人每蒲式耳賺到了10美分，也就是一份玉米期貨合同賺到了500美元。如果價格下跌則反之，同時農民則迴避了500美元的損失。

雖然人們針對商品期貨市場的特點，採取了各種相應的措施，但這並不表明投資者可以不考慮自身的資產實力，因為即使有了期貨合同，但它所做的只是幫你迴避了幾百美元的損失而已，要想讓自己有一天可以從期貨投資失敗中重新站起來，靠的並不是合同所補給你的幾百美元，更多的是你自身的資產能力。一個精明的富人常常懂得在對風險、收益及自身能力進行評估後，再決定是否進入期貨市場以及採取什麼樣的投資策略。

5．格外鍾愛持有外匯

據滙豐二〇一〇年年初披露的一項亞太區富裕人群調查結果，指明中國富人們格外鍾愛持有外匯，香港、臺灣和中國內地擁有外匯存款的比例分別達56％、32％和21％。

現向大家介紹幾點富人的經驗總結，希望能對大家有所幫助，少交些學費。要點如下：

學會建立頭寸、斬倉和獲利

建立頭寸是開盤的意思。開盤也叫敞口，就是買進一種貨幣，同時賣出另一種貨幣的行為。開盤之後，長了（多頭）一種貨幣，短了（空頭）另一種貨幣。選擇適當的匯率水準以及時機建立頭寸是盈利的前提。如果入市時機較好，獲利的機會就大；相反，如果入市的時機不當，就容易發生虧損。

斬倉是在建立頭寸後，所持幣種匯率下跌時，為防止虧損過高而採取的平盤止損措施。例如，以1.60的匯率賣出英鎊，買進美元。後來英鎊匯率上升到1.62，眼看名義上虧損已達200個點。為防止英鎊繼續上升造成更大的損失，便在1.62的匯率水準買回英鎊，賣出美元，以虧損200個點結束了敞口。有時交易者不認賠，而堅持等待下去，希望匯率回頭，這樣當匯率一味下滑時會遭受巨大虧損。

獲利的時機比較難掌握。在建立頭寸後，當匯率已朝著對自己有利的方向發展時，平盤就可以獲利。例如，在120日元的匯率買入美元，賣出日元；當美元上升至122日元時，已有2個日元的利潤，於是便把美元賣出，買回日元使美元頭寸軋平，賺取日元利潤；或者按照原來賣出日元的金額原數軋平，賺取美元利潤，這都是平盤獲利行為。掌握獲利的時機十分重要，平盤太早，獲利不多；平盤太晚，又可能延誤了時機，匯率走勢發生逆轉，不盈反虧。

買漲不買跌

外匯買賣同股票買賣一樣，寧買升，不買跌。因為價格上升的過程中只有一點是買錯了

的，即價格上升到頂點的時候，匯價像從地板上升到天花板，無法再升。除了這一點，其他任意一點買入都是對的。

在匯價下跌時買入，只有一點是買對的，即匯價已經落到最低點，就像落到地板上，無法再低。除此之外，其他點買入都有可能是錯的。

由於在價格上升時買入，只有一點是買錯的，但在價格下降時買入卻只有一點是買對的，因此，在價格上升時買入盈利的機會比在價格下跌時大得多。

「金字塔」加碼

「金字塔」加碼的意思是：在第一次買入某種貨幣之後，該貨幣匯率上升，眼看投資正確，若想加碼增加投資，應當遵循「每次加碼的數量比上次少」的原則。這樣逐次加買數會越來越少，就如「金字塔」一般地堆高起來。因為價格越高，接近上漲頂峰的可能性越大，危險也就越大。

於傳言時買入（賣出），於證實時賣出（買入）

外匯市場與股票市場一樣，經常流傳一些消息甚至謠言，有些消息事後證明是真實的，有些消息事後證實只不過是謠傳。交易者的做法是，在聽到好消息時立即買入，一旦消息得到證實，便立即賣出；反之亦然，當壞消息傳出時，立即賣出，一旦消息得到證實，就立即買回。如若交易不夠迅速很有可能因行情變動而招致損失。

不要在賠錢時加碼

在買入或賣出一種外匯後，遇到市場突然以相反的方向急進時，有些人會想加碼再做，這是很危險的。例如，當某種外匯連續上漲一段時間後，交易者追高買進了該種貨幣。之後突然行情扭轉，猛跌向下，眼看賠錢，便想在低價位加碼買一單，企圖拉低頭一單的匯價，並在匯率反彈時，兩單一起平倉，避免虧損。這種加碼做法要特別小心。如果匯價已經上升了一段時間，你買的可能是一個「頂」，如果越跌越買，連續加碼，但匯價總不回頭，那麼結果無疑是惡性虧損。

不參與不明朗的市場活動

當感到匯市走勢不夠明朗，自己又缺乏信心時，以不入場交易為宜；否則，很容易作出錯誤的判斷。

不要盲目追求整數點

在外匯交易中，有時會為了強爭幾個點而誤事，有的人在建立頭寸後，給自己定下一個盈利目標，比如要賺夠200美元或500人民幣等，心裏一直等待這一時刻的到來。有時價格已經接近目標，機會很好，只是還差幾個點未到位，本來可以平盤收錢，但是礙於原來的目標，在等待中錯過了最好的價位，坐失良機。

在盤局突破時建立頭寸

盤局指牛皮行市，匯率波幅狹窄。盤局是買家和賣家勢均力敵，暫時處於平衡的表現。無論是上升過程還是下跌過程中的盤局，一旦盤局結束時，市價就會破關而上或下，呈突破式前進。這是入市建立頭寸的大好時機，如果盤局屬於長期牛皮，突破盤局時所建立的頭寸獲大利的機會更大。

6．讓保險為理財提供後方保障

任何與投資有關的行動都是存在風險的。根據我國目前絕大多數家庭收入水準來說，其對資金安全的需求遠遠大於投資，在滿足了自身及家庭的基本保障需求之後，才可以考慮各種投資方式，根據自己的經濟能力和需求來作出明智的選擇。所以，對大多數人來說，保險都是有必要的。

不過很多人對保險不感興趣，認為保險的收益太低，他們寧肯把資金投在相對風險較高的股票、債券等項目上。但是，善於投資的富人都知道：不能把雞蛋放在同一個籃子裏。他們常把資金4等分，平均投資在股票、債券、房地產和保險上。

當前面3項獲得高收益時，保險正好幫助他們節稅；當前面3項遭遇失敗時，保險卻能及時保障他們的生活經濟來源，或提供他們東山再起的資金。

這正體現出保險是一種特殊的投資：「平時當存錢，有事不缺錢，發生萬一領取救命錢！」保險投資是個人理財中的一種財務風險管理，使風險得到分散，避免個人或家庭因為意外傷害而受到更大的損失。

太平洋保險公司的一位客戶經理這樣分析說：「保險產品不僅可以理財，而且在家庭出現意外時，要比其他理財管道更有保障。」太平洋保險公司資深理財師認為，正確、科學的理財方式，是將自己的資產進行合理配置，分散風險，兼顧收益與保障。就好比一支完整的球隊，前鋒（股票）、中衛（基金）固然重要，但缺少了守門員（保險），就是不完整的。

保險的作用有以下幾點：

1．轉移風險　買保險就是把自己的風險轉移出去，而接受風險的機構就是保險公司。保險公司接受風險轉移是因為可保風險還是有規律可循的。通過研究風險的偶然性去尋找其必然性，掌握風險發生、發展的規律，為眾多有危險顧慮的人提供了保險與保障。

2．均攤損失　轉移風險並非災害事故真正離開了投保人，而是保險人借助眾人的財力，給遭災受損的投保人補償經濟損失，為其排憂解難。保險人以收取保險費用和支付賠款的形式，將少數人的巨額損失分散給眾多的被保險人，從而使個人難以承受的損失，變成多數人可以承擔的損失，這實際上是把損失均攤給有相同風險的投保人。所以，保險只有均攤損失的功能，而沒有減少損失的功能。

3．實施補償　分攤損失是實施補償的前提和手段，實施補償是分攤損失的目的。其補償的範圍主要有以下幾個方面：

a. 投保人因災害事故所遭受的財產損失。

b. 投保人因災害事故使自己身體遭受的傷亡或保險期滿應結付的保險金。

c. 投保人因災害事故依法對他人應付的經濟賠償。

d. 投保人因另方當事人不履行合同所蒙受的經濟損失。

e. 災害事故發生後，投保人因施救保險標的所發生的一切費用。

4．抵押貸款和投資收益　客戶雖然與保險公司簽訂合同，但客戶有權中止這個合同，並得到退保金額。保險合同中也規定客戶資金緊缺時可申請退保金的90％作為貸款。如果急需資金，又一時籌措不到，便可以將保險單抵押在保險公司，從保險公司取得相應數額的貸款。同時，一些人壽保險產品不僅具有保險功能，而且具有一定的投資價值，就是說如果在保險期間沒有發生保險事故，那麼在到達給付期時，所得到的保險金不僅會超過過去所交的保險費，而且還有本金以外的其他收益。由此可以看出，保險既是一種保障，又兼有投資的收益。

此外，明白了保險的類別和作用後，還應該了解一下關於挑選保險的若干準則。買保險是為了給自己未來生活增添保障，因而要慎重。

然後，要確定根據自己的需要購買。例如，考慮自己或家庭的需要是什麼，比如擔心患病時醫療費負擔太重而難以承受的人，可以考慮購買醫療保險；為年老退休後生活擔憂的人可以選擇養老金保險；希望為兒女準備教育金、婚嫁金的父母，可投保少兒保險或教育金保險等。所以，弄清保險需要再去投保是非常重要的。

要自己研究條款，不要光聽別人介紹。保險不是無所不保。對於投保人來說，應該先研究條款中的保險責任和責任免除這兩部分，以明確這些保單能為你提供什麼樣的保障，再和你的保險需求相對照，要嚴防個別行銷員的誤導。沒根沒據地承諾或解釋是沒有任何法律效力的。

「一定要拿出打破沙鍋問到底的精神，清楚保險合同中的規定，因為一旦保險生效，所有的處理都會按照合同辦事，以後覺得自己吃了虧也很難解決。」一位業內人士這麼說。

要考慮保障之需要，不要考慮人情。保險是一種特殊的商品，不能轉送。不要因為行銷員是熟人或親友，本不想買，但出於情面，還沒搞清條款，就硬著頭皮買下，以後發現買到的是不完全適合自己需要的保險險種，結果是不退難受，退了經濟受損失也難受。

要考慮責任，不要只圖便宜。「物美價廉」這種事在所有的投資專案上都不太適用。不能光看買一份保險花多少錢，而要搞清楚這一份保險的保險金是多少，保障範圍有多大，要全方位地考慮保險責任。

上面是一些基本準則，具體到實際的購買行為上，你需要挑選適合自己的保險組合和信譽可靠的保險公司。

投保者在選購保險時比較專業的順序應該是這樣的：

首先挑選一個適合自己的優秀的保險公司作為自己的投保公司；然後挑選一個優秀的保險代理人作為自己付費的保險諮詢顧問；最後才是在保險代理人的輔助和推薦下挑選具體的保險產品進行組合，從而及時、有效地達到保險和保障的目的。

保險公司當然是選口碑好的大公司，需要考慮四方面的內容：一是保險公司的償付能力；二是保險公司的商業信譽；三是依據投保險種進行選擇；最後是比較保險公司的各種售後服務與風評。

挑選好了保險公司，然後就是選擇保險代理人，這點也很重要，畢竟自己的保險知識不夠豐富，需要專業人士提供建議。

優秀的保險代理人一定是精通保險專業知識的，他能準確無誤地理解客戶的需求，且能夠協調多方面的問題。口碑良好的代理人肯定會站在客戶的角度，以朋友的身分提出專家級別的建議，而不是純粹商人的方式。在考查完代理人的品德、智商和情商之後，你一定能給自己選擇一個好的保險代理人，以保障保險利益、同時提高保險投資收益。

至於重大疾病保障，不一定要選擇在投連險之後，或者在養老險、終身壽險之後附加投保，而是完全可以實現獨立投保的。而且，只要是可獨立投保的重疾險產品，就根本不會出現因為投連險、養老險或終身壽險額度影響到重疾險額度的問題。

最後還有關鍵的一點，並不是所有的保險產品都必須在一家保險公司購買，關鍵看自己的需求到底在哪家或哪幾家公司更能得到滿足。

第五章

富人左右逢源的投資策略

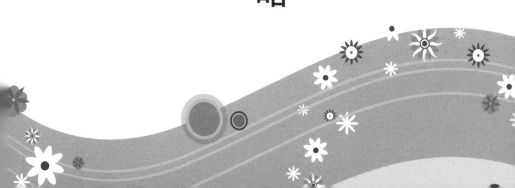

所謂策略，就是計謀、謀略之意，是為了實現某一個目標，根據環境制定出的應對方案。古時候用兵有三十六計，一是說明了用兵需用計謀，即策略；二是說明策略無定式，可以有很多種。具體到投資理財領域，策略就是為了實現控制風險、擴大收益這個目標，所採用的方法。

1．與羊群效應絕緣

羊群是一種很散亂的組織，平時在一起也是盲目地左衝右撞，但一旦有一隻頭羊動起來，其他的羊也會不假思索地一哄而上，全然不顧前面可能有狼或者不遠處有更好的草。在生活中，我們也經常不經意地受到「羊群效應」的影響。

經濟學裏經常用「羊群效應」來描述經濟個體的從眾跟風心理。因此，「羊群效應」就是比喻人都有一種從眾心理，而這種從眾心理很容易導致盲從，而盲從往往會陷入騙局或遭到失敗。

或許很多人會對此嗤之以鼻，人類的智慧當然遠遠高於這些平常動物了。可事實是在日常生活中，「羊群效應」也很容易出現在我們自己身上。最常見的一個例子就是進行投資時，很多投資者就很難排除外界的干擾，往往人云亦云，別人投資什麼，自己就跟風而上；

而在結伴消費時，同伴的消費行為也會對自己的消費心理和消費行為產生嚴重影響。

現在人們越來越重視投資理財了，所以有的情景是很常見的。比如，當幾個人在一起聊天的時候，說到要拿出些錢進行投資的問題，於是有人說自己買了幾支股票，收益還不錯；但此言一出立即遭到多人反對——有人說風險太大，還有人說買基金有時也是虧錢的。

這時突然有人冒出來說，買黃金吧，聽說黃金收益不錯，一直在漲呢。這一說立即有人附和：「對啊對啊，我也聽說黃金只漲不跌，通貨膨脹率高的時候買黃金很划算的。」可黃金怎麼買？最先提議的這個人沉默了。停了一會，有人說：「好像聽說有實物黃金可以買，黃金期貨也開始出來了。」

從實證角度看，黃金作為一種無利息商品，長期投資並不能抵禦通脹風險，只不過現在因為它漲得厲害了，人們喜歡討論它的避險功能，而這恰恰是投資黃金當前最危險的方面。作為一種貴重金屬，黃金除了作為裝飾和貨幣儲備之外，它的實用功能很小，所以它的價格會相當不穩定。歷史上在一九八〇年，布雷頓森林體系（美元——黃金本位制）崩潰後，黃金一路狂飆升到每盎司850美元的高位，然後一路跌到一九九九年才見底回升，這次再創歷史新高的行情隨時會逆轉，屆時不知黃金又會套住投資者多少年。

可見，在不了解投資內情的情況下，不要盲目地跟風。富人一般會找人少的那條路走，因為股市「羊群效應」深刻地說明了這樣一個問題：大家都「紮堆」而去的地方一定不是好地方。

股市是「羊群效應」的多發地。股市的財富效應，讓許多人覺得遍地是黃金，但能否能利用股市的財富效應一躍成為富人，關鍵在於你的眼光和資訊準不準，於是「寧可犯錯，也不能錯過」成為許多散戶共有的心理，他們一是推崇身邊的投資高手，二是盲目迷信各種來源的小道消息。

但事實上，對於處在資訊不對稱和市場劣勢的散戶來說，要想成功地連續跑贏機構和大盤並不那麼簡單。很多在公開場合經常吹噓自己的投資如何成功的人，往往挑選的是自己一部分成功投資的「亮點」在大家面前炫耀。有的人都有過一些成功投資的經歷，但是對於自己投資失敗或是不足的經歷，他們就很少向朋友和同事們透露。

因此如果當你遇到這樣的投資高手，切勿因為他們的隻言片語就覺得別人總是賺錢比自己多，賺錢比自己快，影響了自己的正常心態。

而現在坊間流行的小道消息也同樣值得投資者戒備。隨著網路的普及，「消息」正以我們不曾覺察的速度影響著我們的投資決策。由於二〇〇七年以來入市的多是一些沒有實際操作經驗的新股民，他們最喜歡的就是從各種網站的股票、基金論壇上捕風捉影，有的人甚至願意花上不菲的價格購買「機密資訊」。結果就是很多人陷入了炒股只炒「代碼和簡稱」的誤區，一不知道上市公司的主營業務，二不了解公司的財務狀況，只是憑藉一些捕風捉影的小道消息就敢投入自己的數十萬資金，犯錯不怕，只擔心錯過，誤了賺錢的好時機。對於這種小道消息帶來的「羊群效應」，投資者還是遠而避之為好。

【A案例】

「你說，我是繼續存銀行，還是買股票呀？」拿著剛剛到期的定期儲蓄存摺，張太太滿懷期望地詢問小李。看到周圍很多人都通過炒股賺了不少錢，張大媽也躍躍欲試。

對股票一竅不通的張太太決定向小李求助，從開戶到選股，全由小李做主。然而，看到小李幫自己選的股票價格連續5天下跌，張太太傻了眼。而一旁的老李也情不自禁地抱怨，說去年小李幫他選的一支股票現在已經下市了。這下可好，老李和張太太都怒氣沖沖地向小李嚷：「都怨你！」

「虧了也不能怪別人啊！」有著成熟投資理念、豐富投資經驗的阿土伯說了句公道話，「投資決策得自己拿，投資風險也得自己擔，不能光聽別人的。」

這可給新入市的張太太上了生動的第一課——投資要自主決策、自擔風險、自享收益。接受教訓的張太太暗暗下決心，以後要認真學習股票投資的相關知識，成為一個真正的自主決策、自擔風險、自享收益的股票投資者。

在持續上漲行情引發的財富效應下，越來越多的個人加入到證券投資行列中。相比老股民，新入市的投資者通常對證券投資缺少清晰、全面的了解，相關知識也比較匱乏，尚未樹立正確的投資理念，容易盲目地、非理性地開展投資活動。

「聽別人推薦」和「隨大流」是在新入市者投資行為中普遍存在的兩類現象。很多新手尚未掌握基本投資知識就急於開始投資，並對周圍一些獲得較好收益的投資者、專業證券機構存在「崇拜心理」，導致他們在進行投資決策時都出現了僅聽別人推薦就購買某支股票或追隨大多數人購買同一支股票的情況。這也是投資者對自己的判斷、決策能力缺乏自信的表現，而要想樹立自己對投資決策能力的自信，投資者就必須學習並掌握相關證券投資知識。

要記住，任何投資行為都存在一定的風險，投資者只有在了解自己、了解市場的基礎上作出適合自己的投資決策，才是對自己負責任的表現。任何盲目聽從他人意見或「隨大流」的行為，非但不能降低投資風險，反而會給自己的投資帶來更大的損失。

在日常的消費中，「羊群效應」也表現得尤為明顯。許多人，特別是女性喜歡與同性朋友一起結伴購物，因為同性朋友之間的眼光更接近，購物也更加有樂趣。不過，在選擇購物的夥伴時，最好挑一些與自己的消費能力同層次的朋友；反之，與消費能力高於自己或低於自己的夥伴一起購物，都會受到「羊群效應」的影響，情不自禁地作出不符合自己消費習慣的非理性行為。

一次出差，米莉與另外一個部門的同事沈瓊結伴而行。沈瓊是一位性格活潑開朗的女孩，結識沈瓊，也讓米莉覺得這次枯燥的出差之行有了新的樂趣。出差的空檔，米莉和沈瓊少不了安排在空閒的時間到當地的商店去「血拼」。沈瓊的出手大方給了米莉不小的觸動。米莉不無感觸地說：「平時一般購物，我都喜歡挑選一些中等價位的產品，普通的衣服一般在幾百元，很少有4位數的；購買化妝品，也是挑一些自己可以承受的二線品牌，又實惠品質也不差。」可是與自己收入相當的沈瓊相比，米莉不由得自慚形穢起來，覺得自己簡直太「小兒科」了。

「可是畢竟是剛剛認識的新同事，而且我和沈瓊的收入差不多，我要是太寒酸不是被別人笑話？」出於愛面子的心理，米莉也放開膽子花掉自己近一個月的收入，購買了一款名牌皮包。

「從商場回來，我就後悔了。」和沈瓊快樂的單身生活不一樣，米莉去年新婚，每個月還要和丈夫一起償還一筆房屋貸款，可是買一個手提包就花掉了自己一個月的薪水，想想下個月去償還貸款的情景，米莉就開始有點擔憂了。

其實偶爾購買了一件「奢侈品」也算不了什麼大事，對米莉來說更重要的是，自己的消費心態受到了不小的影響。「女性之間難免進行攀比，想想同事和自己的收入差不多，購物時那麼爽快，我心裏就開始有點不平衡，為什麼我不能像沈瓊那樣把自己的消費水準提高一個層次呢？」

在消費的過程中，夥伴的示範作用也會對你的消費產生不小的刺激。米莉與沈瓊的收入雖然差不多，但是個人的實際情況並不相同，比如作為單身的沈瓊可以過上無憂消費的「月光族」生活，而已經建立家庭的米莉卻要應對房貸和生活中的柴米油鹽。因此儘管名義收入相當，但兩個人可以供支配的收入卻是不一樣的，這也就決定了她們消費能力的不同。所以要根據自己的實際情況來進行消費，不然的話，就會出現入不敷出的窘境。不懂得量入為出也是理財不當的表現。

對於普通人來說，愛攀比、好面子、趨同是社會交往中不可避免的「小毛病」，從個人的心理層面出發也很難簡單地解決這樣的問題，因此要想避免非理性消費的產生，最簡單的方法就是與「羊群效應」絕緣，儘量選擇與自己的消費能力相當的夥伴和朋友共同購物，而避免與消費能力高於或是低於自己的人搭伴而行，以消除非理性購物給自己帶來的影響。

2．不趕赴投資熱潮

不要一窩蜂地搶熱門行業投資，因為行業的選擇不僅能決定投資者賺不賺錢，還會決定投資者的後半生能否過得快樂。個人投資創業，應當根據個人的興趣進行選擇，投資於自己最適合的行業。

年輕人千萬不要盲目追求投資潮流，在熱門行業裏擠拼。尤其不要不做任何評估，就一門心思栽進去。因為，這些行業往往離市場飽和不遠了，就算尚有微薄的空間，利潤也大不如從前。

其實每一個投資人都是一個寶藏，臨淵羨魚，不如退而結網，用心挖掘自身潛力，比看富豪們的財富故事更有意義。

俗話說：深山有美玉，鬧市無黃金。富人便慣於關注不起眼的地方，結果別出心裁地成功挖到寶藏。

前些日子不是有人在台灣炒店面嗎，什麼台中逢甲商圈的一個店面要一億多台幣，至於忠孝東路更是動輒十幾億，不過早年如果會利用十萬元買個攤位的人，現在可就變成幾百萬行情了……

市場常常垂青少數人的選擇，對那些人群中的少數給予較高的回報。很多的富人深諳這一點，所以他們往往不會趕赴投資熱潮，而是選擇一個冷清之處，冷靜地謀算著自己的生財之道。

國際著名投資家、金融學教授吉姆·羅傑斯說過，投資從來都是不容易的，大家不要盲目相信電視上或者報紙上說的一夜暴富的話，唯一的方法就是在投資之前要做足研究功課。

羅傑斯所說的研究，就是對市場發展趨勢的研究。投資者如果在投資前能夠對所投資的市場作充分的研究，抓住市場脈搏，看清市場走向，想不賺錢都難。

「股神」巴菲特的投資原則之一就是不熟悉的行業不做。當年，不論科技股被炒到多高、多火，巴菲特始終堅持不熟不做的原則。因此，有效地避免了後來科技股大跌遭受的巨大損失。

各行各業賺錢的關鍵其實就在「熟悉」兩字上，熟悉一個行業到一定程度，研究它的規律，抓住它的發展趨勢，就可以投資了。如果一個投資者天資聰穎，又趕上了好時機，自然可以賺大錢；可是如果不夠聰穎，又沒趕上好時機，那麼投資者就要充分熟悉投資領域，熟悉之後抓住規律也是可以賺錢的。

3．負債用於投資，而非消費

看那些世界有名的富人，他們很少是生下來就是富人的，大多數是白手起家，經過艱苦的創業才有了今天的輝煌。如何擁有人生的第一桶金以及如何應用人生的第一桶金成了如何成為有錢人的關鍵。事實上，很多富人的第一桶金都是通過「借貸」實現的。借貸不僅僅是窮人找錢的途徑，更是富人集金的主要途徑。然而為什麼有的人借來錢後成為富人，而有的人卻越來越窮，不但沒有掙來錢，反而連返還的本錢也沒有了呢？讓我們一塊來閱讀下面這則小故事，看看其中的區別。

在一個村子裏，同時住了兩個窮苦的年輕人。一日，他們共同去鄰村的一個富人家借糧食。在路上，他們便在一起商量借點什麼好，不但可以填飽今天的肚子，也能讓明天不挨餓。青年甲說：「要填飽肚子肯定是借糧食了。我太餓了，我要是成功地借來了糧食，我要立刻吃下一斤糧食。」青年乙說：「不行不行，這樣的話明天我們還是挨餓，我們得借點能維持我們生活的東西，不但可以供給我們明天的生活，而且將來我們富裕了，我們還得把借來的東西還給人家，借什麼好呢？」

這時候，天剛剛亮，公雞開始打鳴，這一叫給了青年乙靈感。青年乙大叫道：「太好了，我想到我們要借什麼了，就借一隻母雞吧，既能夠下蛋，還能夠產肉。」他們來到富人家中，經過百般地祈求和保證，富人終於同意借給他們一人一隻母雞。

青年乙回到家中，趕緊修了雞籠子把這個來之不易的母雞養起來，他雖然很餓，可是一想起這隻母雞能夠帶來將來的收益，他就覺得肚子不那麼難受了。他把自己昨天沒有捨得吃的糧食分成了小塊來餵這隻母雞，自己則喝了一鍋水來填肚子。第二天，這隻母雞便給青年下了一個雞蛋，青年乙大喜，拿著這個雞蛋，他換來了一個饅頭和一小把小米。他把小米撒在雞籠子裏，悉心地照顧好這隻母雞，然後才安心回屋吃掉了那個饅頭。在他的悉心照顧下，這隻母雞的產蛋量越來越多，青年乙賣掉了雞蛋，又買來了幾隻母雞，他搭建了新的雞棚，讓母雞們舒服地成長。他一方面收穫雞蛋來賣錢，另一方面學習如何飼養小雞，這樣他就不用再去買雞了，而是讓自己家的母雞來生小雞。一年以後，他的收入越來越多，他不但可以賣雞蛋來掙錢，而且他還把母雞孵出的小雞也賣給別人，很快，他就成為村裏有名的富人。為了感謝鄰村富人的一雞之恩，青年乙不但還回去借來的那隻雞，還贈送給恩人滿滿一箱雞蛋。

再來看看青年甲，他回到家中，肚子餓得咕咕叫，他想起他去的路上說的話，心想：「都怪乙，借什麼不好啊，借一隻雞來，等牠下蛋等到什麼時候啊，估計我都餓死了也吃不到牠下的雞蛋了，要是當時我不學他，借些糧食來就好了，起碼現在不餓啊。哎呀，怎麼辦啊！餓死了。先看看這隻雞能不能先下個蛋，讓我先填填肚子吧。」於是他把雞也放在籠子中，對著雞說：「下蛋，趕緊下蛋！」母雞從鄰村到本村也折騰了半天，估計同樣是又累又餓，哪有實力生出雞蛋啊。牠不滿地「咯咯」叫了兩聲，便縮起腦袋不動了。青年甲左等右等，始終不見母雞生出雞蛋來。第二天，他聽說青年乙的母雞生出了一顆蛋，而自己的母雞依然沒有生出雞蛋，便非常生氣，認為這隻母雞有病，再加上自己的肚子餓得要命，於是他不管三七二十一，就把那隻可憐的母雞宰了吃了。當然那天的青年甲是幸福的，他吃掉了整整一隻雞，然而，以後的日子他依然是靠借來維持。時間久了，人們看借給他的東西都有去無回，就再也不借給他了，於是他最終只得靠行乞度日。

同樣貧窮的兩個年輕人，同樣的機遇背景，不同的做法卻換來了截然不同的人生：聰明人借雞生蛋，最終成為富人；愚蠢者則借雞吃肉，最終淪為乞丐。

這個小故事揭示出這樣一條理財真經：借錢為生錢，別為花錢。對於創業而言，初始資金很重要，但不是所有的人生下來就是口裏含有金鑰匙的。沒有初始資金怎麼辦，只能借，借別人的雞給自己生蛋，才是最便捷的道路。

學會把別人的錢拿來作為自己的資本，為自己創造利潤才是有錢人的做法；相反，靠借來的錢度日，雖然也有幾天的好日子，可是更大的貧窮和痛苦，卻還在後面繼續。

在資金流通的市場經濟下，借貸已經不是一件丟人的事情了。很多人或許還處於一種守舊的思想狀態：「我不借錢，我有多少花多少。」那麼他只能是利用自己的勞動來換取基本的生活保障罷了。還有一部分人非常積極主動地迎合社會的改革，他們想盡辦法利用一切可以利用的資源，讓它們為自己的財富積累貢獻力量。

很多人或許都產生過關於創業的想法，可是往往因為缺乏資金而放棄了這樣的想法。沒錯，要想創業是必須有原始資金的，這樣事業才能轉動起來。然而不是所有的創業者都是最初就有錢的，他們大多數也是從「借」中走出來的。

同樣是借錢，有的人借了，把錢吃掉了，沒錢還債；有的人借了，讓錢生錢，成了有名的富翁。國美老闆黃光裕就是青年乙在現實生活中的一個例子。

「二〇〇八胡潤百富榜」揭榜，國美集團董事長黃光裕以430億元的財富再次當選為第一大富豪。從一個沒沒無聞的小商販，到如今億萬人矚目的首富，黃光裕走過的路程或許能給我們每一個人重要的啟示。

一九六九年，黃光裕出生於一個貧苦的家庭中，因為經濟原因，他初中未畢業就輟學了，跟著哥哥從老家廣東汕頭北上內蒙古做生意。一九八六年，17歲的黃光裕和哥哥黃俊欽，揣著在內蒙古攢下的四千元，然後借貸了3萬元在北京前門外珠市口東大街420號盤下了一個100平方米的名叫「國美」的門面。當時的3萬元可是一筆數目不小的鉅資，就是這筆鉅資讓黃光裕有了人生的第一隻會下蛋的母雞。

一九八七年1月1日，「國美電器店」的招牌正式掛出來了。由於當時的市場處於賣方市場的背景下，很多商家採用「抬高售價、以圖厚利」的經營方式獲得了巨大贏利，可是黃氏兄弟選擇了走「堅持零售，薄利多銷」的經營策略。低價策略為小小的國美電器店帶來了不少回頭客。不僅是薄利多銷，而且在貨源上黃光裕也下足了工夫。

黃光裕回憶道，當時洗衣機、彩電等都是憑票供應的，要從非正規管道得到這些貨，就要去想辦法。有時候，別人有好多產品，卻沒人來買，他就想辦法從其手裏把貨拿過來賣。

一九九一年，黃光裕第一個想到利用《北京晚報》中縫打起「買電器，到國美」的廣告，每週刊登電器的價格。當時國營商店對於廣告的認識還停留在「賣不動的商品才需要廣告」的層面，即使後來也有人想學習國美的廣告策略，但黃光裕已經以每次800元的低價包下了報紙中縫。小小的廣告投入為國美吸引來了大量顧客，電器店生意火得不行。黃光裕乘勝追擊，陸續開了多家門店，像「國豪」、「亞華」、「恒基」，都是黃光裕名下的店面。

對於一些國外品牌，很多消費者想買卻找不到地方。鑒於這種情況，黃光裕想到了一個辦法：他說服那些外國廠家與國美合作打廣告，既讓廠家廣告開支得以減少，又讓消費者能夠輕鬆地從國美買到那些「找不到地方買」的國外產品。黃光裕還向廠家要求，贈與國美一些樣品作展示，並開設相應的產品專櫃，使顧客能看、能摸，現場就能買到。

一九九二年，黃光裕在北京地區初步進行連鎖經營，將他旗下所持有的幾家店鋪統一命名為「國美電器」，就此形成了連鎖經營模式的雛形。

一九九三年，國美電器連鎖店已經發展至五、六家，躍然變成了一家大型電器商城；一九九五年，國美電器商城從一家變成了10家；一九九九年，國美從北京走向全國；如今，已經沒有哪個城市沒有國美連鎖店的駐紮了。黃光裕對於成功是這麼說的：「人與人之間是差不多的，差一步而已，有時僅僅半步。」

借錢的途徑有很多，如果你現在還苦於去何處借錢，那麼往下讀，你或許會茅塞頓開。

首先，向親戚朋友借款是一種簡便的方法，這種途徑會免去很多複雜的借貸手續，還有昂貴的借貸利息。不過你或許因為面子而不好意思去借，或許因為害怕被拒絕而一直猶豫不定，放下這些顧慮，去嘗試一次，你不行動怎麼知道不會成功呢？

其次，向銀行貸款，可是很多人因為銀行的高額利息而對銀行貸款望而生畏。不可否認，在當前大陸的金融條件下，銀行對個人或企業提供貸款的條件是很嚴格的，不但設置了高達7％左右的銀行貸款利率，而且借貸者也很難從銀行獲得貸款，比如說對中小企業而言，僅有質押資產是不夠的，還要積累信譽，能夠把握機會，給銀行提供財報，甚至還要保証人。

法國作家小仲馬在他的作品《金錢問題》中說過，商業，這是十分簡單的事，它就是借用別人的資金來賺錢。

再次，借企業的錢。親人朋友的錢畢竟是小數，而從銀行借貸又需要支付較高的成本，這時候成功的投資家就會想到一個新的資金來源，那就是企業。

黃光裕的後期發展就是靠借企業的錢實現的。國美做大以後，黃光裕便具備了較強的銷售優勢，這時，很多生產商家都必須依靠國美來宣傳和銷售他們的產品。因此，當黃光裕向生產廠商借錢時，由於這種互利關係，生產商家大多都是同意的。國美每年能夠從廠家中獲得大概幾十億元的周轉資金。

事實上，借貸會在一定程度上給借貸者壓力，在這種壓力下，你或許就會大大收斂你的消費支出，從而更加理性地規劃你的資金，實現科學理財。

美國億萬富翁丹尼爾・洛維洛就是意識到這一點才發達起來的。他到40歲的時候還是一貧如洗。後來，他突然意識到借雞生蛋的道理。於是他先從銀行貸款，買了一艘普通的舊貨輪，將它改裝為油輪，包租出去。然後他又巧妙地以這條船做抵押，到銀行借得另一筆貸款，接著又買一艘貨船，又改裝成油輪後出租。通過這種資金流通方式，短短幾年時間，他的資金就越積越多，他還銀行的貸款也越來越容易。當他的貸款基本還清的時候，他已經有了自己的幾艘小遊艇。

後來為了把事業做得更大，他又有了新的投資方向：組織人設計和建造一艘船，而在這艘船還沒有建造的時候，他就找來某家運輸公司，讓它預定包租這艘還在設計中的船。丹尼爾・洛維洛用運輸公司與他簽訂的租船合同並以「未來的」租金收入作擔保，順利地從銀行貸款出一筆錢，然後用這筆錢來建造這條船。經過幾年的工夫，當丹尼爾・洛維洛利用船的租金逐漸償還了船的貸款，相當於船把自己買下來又把自己完全贈送給了丹尼爾・洛維洛。就是這樣，洛維洛沒花一分錢，便成了一艘輪船的主人。

聰明的人總是有聰明的辦法讓自己從貧困走向富強，這其中需要智慧，也需要勇氣和耐心。學會借雞下蛋是大富翁中百試不爽的絕招，然而這招的使用是需要小心的，不要輕易地把借來的「雞」吃掉。「心急吃不了熱豆腐」，掙錢是一個巧妙的、需要頭腦和耐心的過程，希望你也能從眾多成功富翁的經歷中總結出真理，成為一個成功的「借雞」者。

4．充分利用資訊

時間就是金錢，資訊就是財富。在這個資訊爆炸的時代，經濟狀態瞬息萬變，誰能夠掌握變化多端的資訊，誰就能獲得無盡的財富。

提到資訊的掌控，我們不得不重新回到彼得‧林奇的身上，再次領略一下這位投資高手的風采。

創立於二十世紀60年代初的麥哲倫基金，在第十年就遇到了美國股市的大崩盤，結果是可怕的，這場股市崩盤差點讓麥哲倫基金遭到滅頂之災。當時作為麥哲倫基金的主管，彼得‧林奇發揮了他力挽狂瀾的領袖作用。

由於基金遭到大量贖回，彼得‧林奇不得不對麥哲倫基金採取封閉性措施。根據股市行情，他對麥哲倫基金採取了「高換手率」的策略。據統計，在彼得‧林奇擔任基金經理的第一年中，麥哲倫基金的投資換手率是343％，也就是說，他會在一個普通的工作日大約買進五千萬美元，同時賣出五千萬美元，後三年的換手率也都保持在300％以上。讓林奇倍感欣慰的是，三年對新客戶的封閉期終於為麥哲倫基金贏得了休養生息的機會。

封閉期結束的第一年，麥哲倫基金數額躍升到1億美元，並重新開始公開發行。這次險些失敗的經歷讓彼得・林奇得到了很大的鍛鍊，也讓他深刻體會到，在資訊萬變的經濟領域中，能夠及時掌握可靠資訊是多麼的重要。

在之後的十年中，彼得・林奇將麥哲倫基金送上登峰造極的位置。據他回憶，麥哲倫基金重新向社會開放後的10年間，其年平均增長率接近30％，基金管理的資產擴張到140億美元，公司的投資配額表上從原來的40種股票增長到一千四百種。基金投資人超過100萬人，成為富達的旗艦基金，並且成為當時全球資產管理金額最大的基金。

彼得・林奇的成功轟動了整個華爾街：《時代》週刊稱他是全球「第一理財家」，《幸福》雜誌則稱他為「股票投資領域的最成功者」。基金評級公司將彼得・林奇評定為「歷史上最傳奇的基金經理人」。

彼得・林奇的成功寶典是：他不相信理論和市場預測，不依靠技術分析和動態曲線，他只憑藉靈通的資訊和準確的調查研究。

彼得・林奇面對記者採訪時說，他對於一些投資理論和市場預測都是持有懷疑態度的，風險在股市中是無處不在的，既然風險常在，那麼股市理論家和預言家的意見就具有可懷疑性，不能一味地聽從他們的指揮，要根據捕捉到的資訊自己來判斷；否則，人云亦云，很容易走進投資誤區中。彼得・林奇也曾走過這樣的彎路。

那是彼得・林奇掌管麥哲倫基金的第一年，他便以每股26美元的價格買進華納公司股票。當時，一位跟蹤分析華納公司股票行情的分析家告訴他：「華納公司的股票已經極度超值，要慎重啊！」開始，彼得・林奇並沒有聽這個分析家的結論，他堅持自己的初衷。因為他已經調查過華納公司，資料顯示公司運行良好。他暗自想，如果資訊準確，那麼股票必定是上漲的。果然不出他所料，僅僅幾個月後，華納公司的股票上漲到了38美元。

分析家再次警告彼得・林奇，說38美元是超值的頂峰，已經沒有空間再繼續上漲了。這次彼得・林奇接受了分析家的勸告，於是把手中所持有的華納公司股票悉數拋出。

然而，華納公司股票價格一路攀升，最後竟漲到180美元以上，後來維持在了170美元左右。由於沒有進行詳細的資訊跟蹤，彼得・林奇失去了一個大好機會，他一直對此懊悔不已。通過這次教訓，彼得・林奇對那些自以為是的投資專家非常反感，不再輕易相信他們的言論了。

當他不相信那些理論說教以後，他便非常注重對投資公司的調查和資訊蒐集。有一次，他從朋友那裡聽說某玩具公司股票非常有前景，便親自到那家公司旗下的玩具商店去詢問顧客資訊，幾乎所有的人都說他們是回頭客。彼得・林奇覺得這家公司的確實很有前景，於是他大量地買進該公司的股票。據說彼得・林奇在買拉昆塔公司的股票前，曾在這家公司辦的汽車旅館裏住了3夜，進行實地考察和資訊蒐集。

善於根據資訊判斷投資方向的他非常留意親人的購物習慣。有一次他的妻子買回了好幾件「萊格斯」牌緊身衣，而且對這個商品讚不絕口。彼得．林奇敏感地覺得這個品牌很有前景。於是第二天，他就買下了大量生產緊身衣的漢斯公司股票，沒過多久，股票價格漲到了原始價格的6倍。

綜觀自己多年的投資經歷，彼得．林奇說，無論對於誰，是資深的投資者，還是普通的投資者，都需要資訊的輔助，而對於那些深奧的理論知識，即使不懂也沒有多大的障礙。只要能夠對資訊敏感，再加上一點智慧，那麼肯定就會有巨大的回報。股票投資是一門關於資訊的藝術，不能按理論生搬硬套。

有人稱讚彼得．林奇的投資就是一個資訊過濾漏斗：他會先買進大批的股票，然後經過資訊分析，把那些優質的、收益大的股票留下來，而那些不好的則迅速濾掉。例如，當日本汽車打入美國市場後，美國三大汽車公司的股票大跌，林奇未作詳盡的研究即大量購買這三家公司的股票，等到股價上漲後又悄悄賣掉，結果，彼得．林奇從福特和克萊斯勒兩支股票上分別賺了超過1億美元的利潤，加上從沃爾沃股票賺的7900萬美元，使麥哲倫基金再次表現出傲人的成績。

「資訊過濾漏斗」最重要的是資訊過濾功能，它是對好壞股票進行過濾的關鍵，誰具備了這個本領，誰就深諳了彼得．林奇的投資祕笈，誰就能像彼得．林奇一樣通過投資而成為一個富人。

許多股票在彼得·林奇的投資組合裏僅停留一兩個月，而整個投資組合裏的股票1年也至少翻檢一次。此外，在林奇經營的一千四百多種股票中，其中最大的100種始終占其所投資金的一半，可見他對股票過濾的慎重對待。

很多投資者喜歡向彼得·林奇提及如何選擇投資對象的問題，彼得·林奇的回答生動而形象。他說，投資者擁有股票就像收養孩子一樣，不要貪多，要根據蒐集來的資訊挑選最好的。業餘選股者最好抽出時間調查8～12家公司，然後在有條件買賣股票時，根據調查來的資訊確定投資組合，但是最好控制在5家公司左右。

彼得·林奇還建議：最好避開熱門行業裏的熱門股票，不要人云亦云，否則是無法掙到大錢的。相反，那些被冷落的行業裏的好公司則是需要關注的。關注才能換來準確的資訊，依靠資訊才能知道如何選擇恰當的時機買進和賣出股票。

在彼得·林奇看來，股票並不神祕，無非是根據資訊來確定轉捩點，這也是投資的關鍵。在一家公司財務狀況好轉前的一瞬間進行投資，等到轉折真正開始再增加投資，無疑是最佳的選擇。而有一些人總是在股市慌亂時，頭腦一熱，胡亂地買進或賣出，這才是最不明智的做法。

抓住資訊，必須做到又快又準，這樣對於投資致富才有意義。蘇茜·歐曼說：「賺錢要趁早。信息是不等人的，錯過了好的時機，或許下一次就是下一個世紀的事情了。」

對於很多從事投資的人而言，巴魯克學院的名號如雷貫耳，這所學院是由華爾街傳奇人物伯納德・巴魯克創立的。

投資大師巴魯克生於一八七〇年，最初他在紐約的一家經紀行從事一些打雜的活兒，之後他通過不懈的努力，被迅速提升為公司的合夥人。後來他傾其所有，購得紐約證券交易所的一個席位，結果不到30歲便成了百萬富翁。到一九一〇年的時候，他已經和摩根等富人齊名成為華爾街屈指可數的大亨了。

你或許會想，他為什麼可以在30歲前就能成功呢？讓我們來看看他是如何把握資訊投資的。巴魯克28歲的時候，有一天，他外出旅遊，在旅途中無意間聽說西班牙艦隊在聖地牙哥被美國海軍殲滅，這意味著美西戰爭將隨即結束。這條消息給了巴魯克靈感，他立刻意識到如果在第二天的黎明前趕回辦公室操作，就能大發一筆。他立刻趕到火車站，包租下一列專車，連夜疾馳，終於在黎明前趕到辦公室。在其他投資者還沒有獲知關於美西戰爭的事件時，巴魯克已經果斷地出手，賺了戰爭財。

美國二十世紀30年代的股市崩塌對全世界投資者的震撼是難以磨滅的，指數從2200點急挫到250點，這對於全世界的投資者都是滅頂之災。然而，巴魯克卻順利地逃過了這一劫。巴魯克回憶道，股市崩塌的危機前夕，當時股價飛漲，人們的腦袋都炸開了鍋，所有的人都在買進，想大發一筆。然而巴魯克預感到或許是該脫手的時候了。

他拿著資訊表仔細地對比著：一般本益比超過17就是不祥之兆，即使股市再熱，也應該脫手；相反，如果本益比低於10就是要買進的時候了。於是他果斷地拋出了他手頭的股票，躲開了股市崩塌的災難。

從這次股市崩塌事件中，巴魯克得到了很大的啟示：真正的投資者都是靠思考和資訊投資的，而不是盲目地跟著大眾跑，或者跟著一些所謂的投資理論跑。人云亦云是投資股市大忌，當大家都奔向一個目標時，即使有贏利，一瓜分平均到每一個人手中，估計也所剩無幾。所以投資一定不要跟風，要根據資訊悄悄地買進，悄悄地賣出，這樣才能成功。

巴魯克在總結自我優勢的時候說：「我並不聰明，但我喜歡思考，喜歡蒐集資訊。大家都看到過蘋果從樹上落下來，只有牛頓才去問為什麼。刮什麼方向的風我們不必去問氣象學家，從飄揚的紅旗便可以知道。」

可見，資訊才是成功投資的指示燈，如果你想通過投資獲得大收益，那麼你就必須掌握好如何獲得以及利用那些資訊的技巧。

投資大師索羅斯也認為陳舊的經濟理論是沒有什麼現實參考價值的，必須通過對華爾街的考察，掌握及時的資訊動態，才能抓住投資的關鍵。現在的經濟市場是不斷變化的，那些固定的數學公式已經不能夠再描述那些變化多端的股市。正確的投資要立足於經濟的變化、政治的變化而統籌決定。

一九八一年，雷根就任總統時，索羅斯嗅出了政治調整的味道。他通過對雷根新政策的分析，確信美國經濟將會開始一個新的循環。於是索羅斯根據所分析出的結論，果斷地進行投資。

歷史證明索羅斯是明智的，美國經濟在雷根的新政策刺激下，開始走向繁榮。一九八二年夏，貸款利率下降，因此股票不斷上漲，索羅斯的量子基金獲得了巨額回報。一九八二年年底，僅量子基金就上漲了56.9％，其淨資產從1.933億美元猛增至3.028億美元。

隨著美國經濟的發展，美元表現得越來越堅挺，美國的貿易逆差以驚人的速度上升，預算赤字也在逐年增加，索羅斯確信美國正在走向蕭條，一場經濟風暴將會危及美國經濟。他想，他要好好地把握住這次金融風暴的變動，於是他密切地關注著政府的決策以及經濟的發展動向。

隨著石油輸出國組織的解體，美國通貨膨脹開始下降，相應利率也在下降，這些都造成了美元相繼貶值。索羅斯預測：政府將採取措施支持美元貶值，而同時德國馬克和日元則將升值。

於是，索羅斯根據自己探尋到的資訊，從一九八五年開始，大力投資馬克和日元。一九八五年9月，事態果然朝索羅斯預測的方向發展：美國新任財政部長詹姆士•貝克和法國、德意志聯邦共和國、日本、英國的4位財政部部長在紐約開會，商討美元貶值問題。最終的結果是中央銀行必須低估美元價值，迫使美元貶值。那一天的美元貶值就使索羅斯一夜之間賺了四千萬美元。接下來的幾個月，美元繼續貶值，索羅斯在這場投資中賺了大約1.5億美元。

通過上面三位投資大師借助資訊成功致富的故事，可以得出一個結論：資訊就是財富，根據資訊不斷地調節自己的投資方向才是投資致富的重要途徑之一。

5．買公司而不是買股票

投資者作任何決策，一定要有所依據，審慎為之，這樣才能立於不敗之地。每一個股票投資者切忌忽視投資資訊而盲目跟進跟出。

所謂投資資訊，是指可以供投資決策的依據，也就是任何幫助投資者了解投資目標、投資環境或進行利潤風險分析的參考資料。因此，經濟環境的好壞、投資環境的良莠、發行公司營運展望的盛衰、業績的增減等資料，都屬於「投資資訊」的範圍。廣泛蒐集各種投資資訊，並且有效地利用，必然可以增加獲利的機會，減少風險損失，所以投資資訊對於投資者來說是非常重要的。

對於非專業人士來說，如何從眾多的投資資訊中選擇出值得購買的股票呢？

巴菲特，創造了投資39年贏利2595倍、從100美元起家到獲利429億美元財富的投資神話。他從那些複雜的投資策略中揭示出最本質的東西：「買公司而不是買股票。」從美國股市200年的歷史來看，股價的波動與人們的心理因素有很大的關係。投資者完全沒有必要為眼前的漲漲跌跌而大喜大悲，冷靜自持地作出正確選擇才是最重要的。

那麼，投資者應該選擇什麼樣的公司投資呢？

足壇豪門皇家馬德里俱樂部（以下簡稱「皇馬」）的前主席弗羅倫蒂諾，有一次接受記者採訪，當他被問及皇馬強盛的祕訣時，他說只有三句話：好球員、好球員、好球員。事實也的確如此，皇馬憑藉巨星戰略，網羅了世界上最具有影響力的球星，俱樂部的效益也蒸蒸日上。

有記者採訪美國房地產巨頭川普房地產經營之道時，他也只說三句話：好地段、好地段、好地段。紐約、曼哈頓的很多黃金地段的大樓都是他的。

如果讓巴菲特按照上述的模式來回答股票投資的祕訣，那麼會是這麼三句話：好公司、好公司、好公司。

是選公司而不是選股票，這個道理已經被強調很久了。可是為什麼許多人買股票還是不願意去了解企業，而願意跟著市場漲跌來追漲殺跌呢？

是不是自認為沒能力去研究企業？研究企業要有專業的知識，要有經費和時間，要懂得很多分析方法，而你不會。你覺得自己不可能通過分析企業價值來判斷市場價格，所以就通過自己認為省錢省力的方法來投資。你總是通過消息來進行決策，用分析圖形這樣的人人都可以掌握的簡便方法來決策，願意通過聽股評和研判大市來判斷個股。

事情沒有你想像得那麼難。下面簡單地介紹一下新手該如何選擇公司。

股市中有各種行業。從收益上來說分兩類：一種屬高風險高收益的行業；另一種屬成長性的行業。簡單來說，選公司的步驟就是先選好行業，找那些前途遠大的，最後再從中選一個最好的公司。每個人在入市之前都必須作公司分析。不能總是聽別人的推薦，而自己一點鑒別力都沒有。要選一個有成長性的行業，然後再從這個行業中比較哪個公司資源最豐富，負擔最輕，管理最科學。

首先你要明確的是，各行都有各行的難處，沒有哪一行是穩賺不賠的，不要有一勞永逸的觀念。由於受經濟週期的影響，一般產業大致可分為四類：

〔第一類〕就是電腦行業類，主要依靠技術進步，經濟衰退並不影響它們的發展。形勢不好的時候，可以買這些股票保值。

〔第二類〕就是諸如電視、冰箱等家電產品，它們的變化是隨著宏觀經濟來變化的。全國形勢好時，它們就好銷；形勢不好時就積壓。

〔第三類〕就是像日用品、食品一類的，不管經濟過熱還是過冷，銷量都較穩定。因為不管怎樣，人總是要吃飯的。所以說，買這類股票和存款差不多同樣穩妥。

〔第四類〕就是很沒規律的，有時穩定增長，有時又會隨經濟的起伏而變化。比如說一家公司到快走下坡路時，又找到一個新的利潤增長點，通過技術力量，起死回生。這種股票投資一旦看準會發大財，只是很不好預測，真正是需要眼力和運氣的。

但是，每個行業都會經歷一個由成長到衰退的過程。在這個過程中，如果你沒把握好時機，有可能會賠得血本無歸。很多投資者面對一支股票，當它的價格是3元時，認為是一支壞股票。而當它漲到23元時，卻認為它是一支好股票，蜂擁買入，造成了巨大的虧損，這確實是投資的大忌。要知道好公司的股票價格過高時就變成了壞股票。

理論上說，應該在一個行業發展之初就買，然後就可以一直放著不去管。等到這個行業發展得差不多了，利潤也不再像發展高峰時那樣增長了，也就是該賣的時候了。

一定要挑選處於發展期而不是衰退期的公司。理論上你理解了，但當面對近千支股票的時候，你肯定還是糊裏糊塗地看不出個所以然，不知該如何區分一家公司好或不好。

這時候，不要著急，每一家公司都會定期公佈它的經營狀況。到時候是好是壞一眼就能看出來了。每家公司都會在年中和年終的時候以財務報表的形式來公佈自己的經營狀況。從財務報表中就能看出該公司是處於發展期或是衰退期，贏利或是虧損。

一般公佈給股東的財務報表有三個：資產負債表，財務狀況變動表和利潤表。

先說資產負債表。公司的廠房、辦公大樓、生產設備、原材料和銀行帳戶上的錢，這些全是企業的資產。對於上市公司來說，這裏面包含了股東的錢。但也不全是股東的錢，還有一些是銀行貸款或是其他企業間的拆借。除了股東的那一部分，其他的都是借的，這些就是公司的負債。

公司的負債都在資產負債表上體現了。所有的負債加上股東權益就等於所有的資產了。資產負債表主要是說明資金的來源和用途。

至於利潤表。一個公司總有不斷的收入，也有不斷的支出。把一段時間內所有的收入減去支出就是贏利狀況，這一點主要由利潤表來體現。如果支出大於收入，那就毫無利潤可言，這個公司就是虧損公司。尋找好公司的關鍵是尋找公司的內在價值，如果公司的資本收益率每年能達到8％～10％，企業每1塊錢能產生20分的收益，當公司的本益比與股本收益率相等時的市場價值就是它的內在價值。

投資者應該按內在價值以盡可能大的折扣買入股票，耐心持有，等待這支股票價值回歸，當這支股票價格大幅上漲偏離價值時，就是賣出的最好機會。

還有個財務狀況變動表，它主要是衡量一個企業資金緊張程度的報表。但是注意，並不是說資金緊張就代表這個企業狀況不佳。企業如果是贏利的，資金照樣會緊張。比如說一個企業固定資產增長太快，勢必會造成資金調配緊張，這是很常見的。或者有時一家公司產品賣出去了，但是錢還沒收回來，就作為銷售收入入帳了，到時候錢還不一定能到位。在帳面上看著好像有好多利潤，但是很多都是有水分的。

最後，一定注意要綜合地來看問題，應該把三張報表一起分析，不能很片面地只看某一方面。

總而言之，分析財務報表，主要是要分析公司的收益性、安全性、成長性和周轉性四個方面的內容。具體來說需要考察公司的以下四個能力：

1．公司的獲利能力　公司利潤的高低、利潤額的大小，是其有無活力、管理效能優劣的標誌。作為投資者，購買股票時，當然首先是考慮選擇利潤豐厚的公司進行投資。所以，分析財務報表，先要著重分析公司當期投入資本的收益性。

2．公司的償還能力　目的在於確保投資的安全。具體從兩個方面進行分析：一是分析其短期償債能力，看其有無能力償還到期債務，這一點須從分析檢查公司資金流動狀況來判斷；二是分析其長期償債能力的強弱，這方面是通過分析財務報表中不同權益專案之間的關係、權益與收益之間的關係，以及權益與資產之間的關係來進行檢測的。

3．公司擴展經營的能力　即進行成長性分析，這是投資者選購股票進行長期投資最為關注的重要問題。

4．公司的經營效率　主要是分析財務報表中各項資金周轉速度的快慢，以檢測股票發行公司各項資金的利用效果和經營效率。

選擇好公司之後，投資者還要研究該公司的贏利歷史、贏利模式，管理層是否誠信。你可以查看股東分佈情況，從公司公佈的十大股東所持股份數，可以粗略判斷股票有沒有大戶操作。如果股東中有不少個人大戶，這支股票的炒作氣氛將會較濃。

還可以查看董事會的持股數量。董事長和總經理持股較多的股票，股價直接牽扯他們的個人利益，公司的業績一般都比較好；相反，如果董事長和總經理幾乎沒有持股，很可能是行政指派上任，就應慎重考慮是否投資這家公司，以免造成損失。

另外，一般來說，投資利潤來源單一的公司比較可信，多元化經營未必產生多元化的利潤。當你考慮過這些問題之後，仍然決定買入該公司的股票，那麼你就只需要耐心持有了。

簡單來說，贏利持續、增長穩定，不斷給社會給股東帶來好回報的公司就是好公司。而股票的價格就是由企業利潤來決定的。所以好企業的股票價格總是不斷升高。

6．投資成長股

王亞偉是一個低調的投資人，被譽為最牛華夏基金經理。其曾在中信國際合作公司、華夏證券工作。一九九八年，王亞偉加入華夏基金管理公司，歷任興華基金經理助理、基金經理，華夏成長證券投資基金基金經理。從二〇〇六年開始執掌華夏大盤基金，四年創下了10倍的收益率，成為傳奇基金經理。

無論用哪一個指標衡量，華夏大盤精選基金都名副其實地位列投資者心目中的「好基金」之選。從二〇〇五年年底到二〇〇九年年底，王亞偉操刀的華夏大盤精選基金的淨值從1元上漲到10元。

王亞偉何以有這樣的本事呢？王亞偉的投資祕訣是什麼呢？

在媒體採訪中，王亞偉旗幟鮮明地支持成長股，他表示，從國外的經驗來看，在一輪牛市中，投資成長股的收益率一定會大於價值股。王亞偉詮釋了自己的投資之道：牛股不存在流動性問題，在市場給予流動性以溢價而不是給予成長性以溢價的時候，正是買入成長股的最佳時機。

同時，王亞偉還是追逐熱門股的反對者，對於此，他曾經有一個形象的比喻：「跟隨熱點買股票，就像黃金週登黃山，春節去三亞，熱鬧固然熱鬧，卻與你觀光休閒的目標大相徑庭，除非你覺得與人鬥其樂無窮，才會參與這種費力不討好的博弈，如果你真正想讓資產安全穩定地增值，一定要另闢蹊徑。」

對此，王亞偉解釋說，投資像撲點球一樣，事先你根本沒有辦法預測你應該撲向哪邊。沒經驗的守門員只能靠賭，這次撲左邊，下次撲右邊，或許有蒙對的一次。有經驗的守門員會事先做一些功課，他會了解不同的對手罰點球的時候有什麼特點和偏好，他會在對手跑動的過程中全神貫注地觀察，在出腳的一瞬間，根據自己的經驗作出判斷。所以，成功的機率會大大增加。

雖然在投資業頗有建樹，但王亞偉並不是科班出身的基金經理，其在大學時期的專業是電子，不過他對投資非常感興趣，所以經常買來《中國證券報》閱讀，那時候，班上只有他一個人選修了清華經管學院的企業管理雙學位。

貫穿於王亞偉的整個投資生涯，彼得・林奇是對其投資思想影響最大的人物，王亞偉進入證券業最早接觸的就是彼得・林奇的書，比如《在華爾街崛起》、《戰勝華爾街》，這使他在投資生涯的早期就對投資成長性股票有了相當的認識。

王亞偉曾經這樣述說自己的偶像情結：「作為共同基金行業最成功的基金經理，彼得・林奇的成功經驗最有可能在中國的共同基金行業得到複製，而巴菲特、索羅斯雖然同樣成功，甚至更成功，但他們的成功經驗卻不一定完全適用於共同基金行業。」

以彼得・林奇為師，王亞偉執掌的華夏大盤基金可以說是戰功赫赫。

二〇〇七年，華夏大盤基金氣勢如虹，更以226％的淨值增長率高居國內各類型基金之首，比第二名高出35個百分點，其淨值增長率是同期上證綜指漲幅的2.33倍。一時間，華夏大盤成為萬眾矚目的牛基，王亞偉則獲得「中國最賺錢的基金經理人」的殊榮，一舉將基金金牛獎、明星獎、最佳表現獎、最高回報獎、最受歡迎獎……盡數收入囊中。

時值二〇〇八年的大熊市，「熊市跌得比別人少，牛市漲得比別人快」，華夏大盤的這一輝煌業績，讓許多基金經理和基民，對王亞偉的崇拜之情油然而生。二〇〇八年，華夏大盤在股市的暴跌中成為基金抗跌亞軍。

7．不會把雞蛋放在一個籃子裏

雞蛋和籃子，這個投資界最著名的比喻來源於一九九〇年諾貝爾經濟學獎的獲得者馬克維茲。資產分配，是一個重要的投資概念。馬克維茲所述的含義是：把你的財產看成是一筐子雞蛋，然後決定把它們放在不同的地方：一個籃子，另一個籃子……萬一你不小心碎掉其中一籃，你至少不會全部都損失。雞蛋若都放在同一個籃子裏，賺則大賺，虧則全虧。如果賺了當然是好事，一旦虧了，大多數普通人是承受不了的，那將是血本無歸的。

絕大部分人都支持馬克維茲的這種觀點，認為關注單個投資遠遠不及監控投資組合的總體回報來得重要。如果你有很多項投資，你就會看到它們的表現差別很大，比如一支股票表現不佳，而另一支股票則表現出色。雞蛋必須放在不同籃子的主要目的是，使你的資產分佈在不同的投資上，以減少總體收益所面臨的風險。

如果你把全部家當都押在一項投資（比如某家公司的股票）上，那麼你就會在市場波動面前變得無比脆弱。如同一九九七年金融危機後的慘痛教訓——亞洲許多家的房地產和股票都大幅貶值，把所有投資都放在上面的人損失慘重。

但是，就在絕大多數投資者認為「不能把所有雞蛋都放在同一個籃子裏」的時候，巴菲特卻認為，投資者應該把所有雞蛋放在同一個籃子裏，然後小心地看好它，因為他覺得：在時間和資源有限的情況下，決策次數少的成功率自然比投資決策多的要高，就好像獨生子女總比多子女家庭所受的照顧多一些，長得也壯一些一樣。

《財富》雜誌曾經寫道：分散投資獲得巨大財富，這是投資謊言之一。從來沒有人因為分散化投資策略進入億萬富翁俱樂部。投資大師會首先從賺錢的角度考慮，如果你錯過這個機會，你將少賺多少錢。

還有一個更加可靠的理由支持：如果你的錢並不多，分散它有意義嗎？

斯坦利・德魯肯米勒是接替索羅斯的量子基金管理人。有一次，斯坦利以德國馬克做空美元，當這筆投資出現贏利時，索羅斯問：你的頭寸有多少？

「10億美元。」斯坦利回答。

「這也能稱得上頭寸？」索羅斯說，「當你對一筆交易有信心時，你必須全力出擊。持有大頭寸需要勇氣，或者說用巨額槓杆挖掘利潤需要勇氣，但是如果你對某件事情判斷正確，你擁有多少都不算多。」

那麼，究竟該怎麼做呢？該不該把雞蛋放在同一個籃子裏？這要看你自己了。如果你對這個大機會絕對自信，並致力於大撈一筆，而且雞蛋全碎了也不會讓你一蹶不振，你還有東山再起的機會，那麼你可以嘗試一下。

但如果你只是個投資新手，不能做到像「股神」巴菲特那樣作出精準的判斷，你只是希望冒最小的險拿到最大的收益，那麼，就把雞蛋多放幾個籃子吧——這種方法最適合穩健的投資者。

在理財方面，比爾·蓋茲的祕訣就是：不把雞蛋放在一個籃子裏。由於對微軟公司前途抱有較大的信心，比爾·蓋茲把財富的絕大部分都投在了公司股票上，但精明的他也會在好的價位適當地套現一些股票。如早在網路股泡沫破裂之前，他就開始分散投資了。他在一九九五年建立的一家投資公司，管理的投資組合價值100億美元，其中大部分投入了收入穩定的債券市場，主要是國庫券。

即便是比爾·蓋茲也不把雞蛋放在一個籃子裏，身為普通人的我們，大概也應該跟他一樣，儘量以分散投資的方式進行資產組合，畢竟不是誰都可以像股神那樣。

投資者購買股票，總是希望能在未來獲得投資報酬。但是由於股價波動不停，無法事先準確預料，同時股份公司能否獲利並派發股利也是不確定的。因此，投資者會面臨兩種情況：一是可能獲利，二是可能虧本。這就產生了投資風險。

股票投資本身充滿不確定性，如果再把雞蛋放在同一個籃子裏，這樣單一持股就更限制了投資的靈活性和多元化，將風險變得更加無法控制，所以，要進行多元化投資，也就是說把雞蛋放在多個籃子裏。

一般來說，投資者的風險大致可分為以下幾種：

1．利率風險　即由市場利率變動的影響而導致投資者負擔的投資風險。分為兩種情況：一是由於市場利率水準的變動，影響投資股票的收益率降低而產生的風險；二是由於股票收益率相對低於市場利率水準所帶來的損失風險。投資者選擇投資對象，一般以追逐最大利潤為原則。正因為投資股票的收益率高於市場平均的利率水準，所以投資者才會「投注」於股票市場。如果股票市場的收益水準低於市場利率水準，就會給投資者帶來相對損失。

2．購買力風險　這是由於通貨膨脹的影響而使股票投資者承擔的風險。比如，當投資者的股票價格、行情看好，取得了收益，而同時正遇上居高不下的通貨膨脹率，由於貨幣貶值，無形中就使投資者損失了獲利中的一部分價值，也就是說，投資者貨幣收入的實際購買力就可能下降。這就是承擔了購買力風險。由於通貨膨脹的存在，就使得投資者在貨幣收入即使有所增加的情況下，也不一定能夠獲大利。因為在實際收益率中還要扣除通貨膨脹率所帶來的損失。當然，通貨膨脹的存在，並不意味著投資者不購買股票就能避免損失。若要減少這一損失，投資者只能去選擇收益率高的投資對象才能如願。

3．市場風險 這是指由於股價的漲跌出乎意料，使投資者決策失誤而產生的風險，即股價的波動趨勢恰與投資者預料相反所產生的風險。出現市場風險的原因，主要是股票交易市場受整個國家經濟週期變化的影響。經濟週期分蕭條、復蘇、高漲、危機幾個階段，在各個不同的階段，股市的變化是非常複雜的。在高漲時期，一般股市活躍，交易頻繁，獲利大增；而在危機階段，股市則呈萎縮乃至暴跌之勢，從而給投資者造成巨大損失。

4．經營風險 這是指股票發行公司因其內部經營不善造成虧損，導致股利下降甚至毫無股利可言而給投資者帶來的連帶經營風險。在股票市場上，這一風險也是無法避免的，因為任何股份公司都不會有絕對的永久取勝的把握。所以投資者只能以其敏感的智慧來應付複雜的經濟形勢，從而減少風險。

5．違約風險 違約風險是指在公司因財務狀況不佳而違約和破產時，投資者的實際收益率偏離預期收益率的可能性。當公司破產時，遭受損失最重的是普通股東，其次是優先股股東，最後才是債權人。

不管把雞蛋放在多少個籃子裏，股市都是有風險的，不可能有萬無一失的把握。但是把雞蛋放在不同的籃子裏，可以幫助你減少一些風險。

上述五種風險中的前兩種，可以稱之為系統性風險，它們是指對大多數資產都產生影響的風險，只是每種資產受影響的程度不同而已。例如，中央銀行提高利率對所有的股票價格都會產生影響，股票就會有不同程度的下降。這種系統性風險是無法消除的。

後三種風險可以稱為非系統性風險，是指對某一種資產產生影響的風險。

例如，某上市公司老闆或執行長出事了，導致該公司股票下跌，但對於其他股票並沒有什麼不利影響。由於各資產的非系統性風險是不相關的，因此，通過投資多元化可以消除非系統性風險。

有一個扒手在失手被捕之後——

員警好奇地問他：「一般人應如何防止扒手帶來的損失？」

扒手答道：「不要把你所有的錢都放在一個口袋裏。」

某年，美國有一家銀行因為違規營業以及財務上的問題，被聯邦政府勒令關閉。該公司被接管後，馬上通知所有的存款人前往提款。因為，美國的銀行有10萬美元的存款保障。也就是說，銀行倒閉時客戶的存款若在10萬美元以內，都不會受到損失。可是，偏偏有許多人，尤其是華人的存款，往往超過10萬美元，有的甚至高達百萬美元。結果畢生積蓄，頃刻間化為烏有，損失實在慘重。

投資專家和金融學教授們都在不停地強調多元化投資的重要性，因為股票投資充滿了不確定性，即使是上帝，面對變幻莫測的股票市場，也難以對某一支股票的未來情勢作出準確的預測。因此，投資者最好採取多元化投資的做法，也就是「不把雞蛋放在同一個籃子裏」。但是，該把雞蛋放在多少個籃子裏才能最大化地消除風險呢？

「不把雞蛋放在同一個籃子裏」的理念核心是分散風險，應用在投資實戰中，並不僅僅意味著投資者只能購買不同公司的股票。一般來說，實現分散投資風險的途徑，大致有以下兩種——

1．購買不同公司的股票　握有幾家公司的股票，比只盯住一家公司投資，其風險程度可大為減小，收益狀況相對滿意。

2．分期購買股票　在購買股票的時間上要採取分散投資的方式。因為股票的波動有週期性，時好時壞，若在某一時刻一次性購入太多的同類股票，風險就會增大，很可能因股市不景氣而久無收穫，甚至造成損失。

8．信仰投資價值

對於中國市場，「價值投資」作為一個新的概念被提了出來，但是在股票投資領域，它卻是最基本的辭彙，最早見於一九三四年本傑明・格雷厄姆的名著《證券分析》。該書中介紹，普通股票的價值由四個因素決定：分紅比率；贏利能力；資產價值；P／E值。經歷了一九二九年以來的股災，人們試圖理性地把握股票的內在價值和漲跌的原理，並找出其中的規律，於是在價格之外，有了股票的「價值」一說。

經過幾十年的研究，股票的價值及其決定因素得到了更深更廣的拓展。

可以說，價值投資就是基於對公司基本面的細緻分析，通過使用合適的估值模型，將股票的內在價值予以量化，並與其市場價格進行比較，發掘出被市場低估的股票的過程。不同於成長型投資人，價值型投資人偏好本益比、帳面價值或其他價值衡量基準偏低的股票。

對上市公司股票進行比較科學的合理估值，當其市場價格低於估值時就有投資價值，就可以買進。學習價值投資，主要是分析其基本面和成長性兩個方面，學會分析其靜態和動態本益比、市淨率等。

所以，價值投資與其說是一種理念，不如說是一種方法，後者更為準確。

多年來，美國股票就保持了價值型股票和成長型股票輪番主導市場的格局。

早在巴菲特出世前就已作古的赫蒂·格林，號稱美國最有錢的女人，雖然在世時毀多於譽，甚至被稱為「華爾街女巫」，不過她的巨額財富都是從華爾街掙來的。

一九一六年，赫蒂·格林以82歲高齡去世，估計留下1億美元遺產。以當時的1億美元換算成今日的財富價值，大約相當於230億美元。她的身價足以名列世界富豪排行榜前10名。

赫蒂・格林曾經花大半夜時間，在馬車裏找一張從信封袋掉落的2分錢郵票；光是她用來找那張郵票的時間，她的財富所能產生的利息，就相當於普通人的1年所得。

赫蒂・格林的基本投資策略是專注於諸如鐵路與房地產等實業資產上，廉價就買進，並且很少賣出，且通過複利獲得的利息收入進行再投資。當時美國的鐵路股就像二十世紀末期的網路股一樣飛速上漲，隨著鐵路的延伸，美國這個新興市場（相對當時的歐洲大陸而言）的房地產價值由東向西一路向上翻升，投資實業，赫蒂・格林的財富自然飛快增長。

當然，新興市場的特色就是波動又快又猛，而謹慎的赫蒂・格林在每次崩盤前都先抱住大把現金。當恐慌來襲，她便有足夠的現金可以買進價值被大大低估的投資標的。她也經常是需錢救急者的最後求助對象，只是她的條件非常苛刻——她會要求很多很多的抵押品。因此，每一次恐慌和市場崩盤，都成了她聚積財富的最好時機。

雖然在赫蒂・格林去世的時候，「價值投資」的概念還沒有提出來，但可以看到她的做法絕對符合這一理念。

勞倫斯・柯明漢姆，美國波士頓大學的法學和商學教授，是當今美國在價值投資研究領域的領軍學者之一。其代表著作包括《比聰明的投資者更聰明》和《如何像本傑明・格雷厄姆那樣思考，像沃倫・巴菲特那樣投資》，他還有一本著作名字就叫《什麼叫價值投資》。

他認為，從《華爾街日報》到著名的金融網站thestreet.com，價值投資是當今被提及次數最多的投資戰略。投機者似乎可以誇耀其短期的高回報率，但在中長期，推崇價值投資者卻獲益頗豐。即使是在二十世紀90年代股市泡沫的大崩潰中，價值投資者仍然斬獲頗多。

那麼，價值投資的精準定義是什麼呢？為了在投資組合中應用該戰略，還需要再了解些什麼？在書中，他提供了應用價值投資的金融戰略來獲利的一系列知識和投資工具，包括衡量股票真實價值的方法，而非追隨情感驅動型的市場定價；僅僅投資於落在你「能力圈圈」範圍內的公司等10個投資原則。

而格雷厄姆，也就是「股神」巴菲特的老師，在其著作《聰明的投資人》中，清楚地區別了投資與投機的差別。按照格雷厄姆的解釋，投資是建立在事實與數字的分析基礎上的；而投機則是建立在突發的念頭或臆測之上的，每一個合格的投資者都首先要區別它們。格雷厄姆一貫認為股票是企業的一部分，它的價值始終應和整個企業的價值相呼應，他還生動地闡述了價值投資的核心觀念之一「安全空間」的概念。

格雷厄姆的得意門生巴菲特則認為，價值投資需遵循六大原則：

1．**競爭優勢原則**　好公司才有好股票，那些業務清晰易懂，業績持續優秀並且由一批能力非凡的、能夠為股東利益著想的管理層經營的大公司是值得投資的公司。

2．**現金流量原則**　價值評估既是藝術，又是科學，即便是好公司也要有好價格才可以買入，那麼什麼價格才算好呢？這就要進行縝密的研判，盲目地買入一家公司往往是噩夢的開始。

3．「市場先生」原則 市場中的價值規律短期經常無效但長期趨於有效，在短線時左右價格的因素很多，如市場人氣的影響等，主力往往借助製造有利於自己的市場氛圍來達到自己的目的。那麼作為價值投資者就要有看穿這種迷霧的真知灼見，在別人恐懼時貪婪，在別人貪婪時恐懼。

4．安全邊際原則 安全邊際就是「買保險」，保險越多，虧損的可能性越小；安全邊際就是「猛砍價」，買價越低，贏利的可能性越大；安全邊際就是「釣大魚」，人越少，釣大魚的可能性越高。

5．集中投資原則 投資不能太分散，也就是要嚴把選股這道關口，不能隨意買賣股票，股票越少，組合業績越好。

6．長期持有原則 長期持有就是龜兔賽跑，長期內複利可以戰勝一切。這就是股神巴菲特的經驗——其中體現出來的原則就是要關注投資價值，而不是做股市中的投機者。

價值投資在成熟市場中已歷經時間的檢驗，彰顯出了巨大生命力，是理性投資者應當遵循的持續穩定的贏利模式。相比之下，由題材、消息等驅動並因充裕流動性而不斷強化的短線投機交易則具有極大的偶然性和極高的風險性。如果股票市場為投機氛圍所主導，其發展方向必然是泡沫化。一旦市場出現嚴重泡沫，依靠市場的自身修正，可能需要付出較大的代價，這是誰都不願意看到的現象。

如果牛市使股價偏離了它的投資價值，那麼股民的贏利就是虛擬的，且部分股民的贏利都是奠基在他人虧損的基礎上的。在短期牛市中，股市可能造成一種錯覺，即股民人人都是贏利者，其實這種贏利是虛擬的，因為股票的整體價值是以部分股票的成交價來計算的。當一支股票以較高的價格成交時，一些未交易的股票市值都將以成交價來計算，其結果是持有該種股票的股民帳面價值都升高了。

價值投資並不代表不在乎「價格」就去買進。用金子的價格去買金子，這不叫投資，這叫消費。真正的投資是用購買破銅爛鐵的價錢買到了金子。在大盤恐慌性殺跌過程中，在市場投資氣氛低谷的時候，精明的投資人士卻始終能夠看到潛在的價值投資機會。

股市裏很有意思的是，每個板塊的股票市場給的本益比是不同的，這就是為什麼中小板股票可以擁有七八十倍以上的本益比，甚至更高，因為市場看的是股票未來的一個發展潛力。我們要去找出被市場忽略或低估的股票和板塊，這就是說不能對市場的觀點人云亦云，要培養自己發掘市場盲點的能力。

另外，要投資一支股票，不要貿然地買入，首先要去了解這支股票的基本面，了解這支股票的技術面等，清楚了再介入。

那麼，如何評判一支股票一個公司的價值呢？

最重要的是分析公司業績。公司業績是股票價格變動的根本原因。只有業績優良的公司才能保證股票價格的穩步上升，長線投資者尤其應注重公司業績。衡量業績優劣的最主要指標是本益比和增長率。選定績優公司作為投資對象當推首選。

然後分析股票的市場表現，分析淨利潤同比增長率。淨利潤同比增長率是反映公司發展潛力與後勁的第一指標。在相同的市場環境下，有的公司穩步發展，有的卻停步不前甚至一路倒退，投資者選定淨利潤同比增長率高的公司是規避風險，尋求獲利最為穩妥的一步。

分析每股股票的收益和淨資產值。股票的淨資產值是股票的內在價值，是股票價格變動的內在支配力量。在市價一定的情況下，每股股票收益越豐厚、淨資產值越高越有投資價值，而收益很少甚至為負數、淨資產值大大低於市價的股票是不可取的。

分析淨資產收益率。淨資產收益率反映公司資產運用和增值能力，指標高的企業往往具有良好的經營方針和有效的領導手段，投資者把資金交給這樣的公司去運作相對更為放心。

分析股票本益比。一般來說，一種股票的本益比高低與其投資價值成反比。高的本益比意味著股票的市價偏高或稅後利潤偏低。但過低的本益比也可能是因為該種股票對投資者缺少吸引力，價格總上不去，而某些具有較高成長速度的企業當前的股價和本益比偏高，但預期會產生豐厚回報，也屬正常。本益比低的股票投資風險較小，相對獲利機會較多；本益比高的股票投資風險較大，相對獲利機會較少。初入股市，一般應選擇本益比較低且比較活躍或本益比雖較高但發展潛力大的股票。

分析股票的發行量和流通量。發行量和流通量太大的股票本身具有價格穩定難於炒作的特點，很難期望在短期內出現奇蹟般的良好市場表現。如果你是中短期投資者，最好選擇發行量和流通量較小、市場表現活躍、股本擴張能力較強的股票。

分析完這些指標，一般你就能選出有升值潛力的股票。

最後，投資者還應該記住價值投資的基本原則和三要素。

價值投資的基本原則——透過市場價格看出實際價值。當投資者購買了股票後，他不是只買了一支股票，而是買下了一個企業的一部分。一個企業的內在價值往往與經常波動的股票市場所顯示的股票價格有極大的差距。如果所購買股票的價格明顯高於它的內在價值，投資者就會遭受損失；相反，如果低於它的內在價值，在交易過程中賺錢的機會就比較大，資金被長期套住的風險就比較小。基本賭注就是市場價值最終和內在價值相吻合。

價值投資的三要素為：

第一，尋找到折價交易的機會（哪裡會有便宜的東西賣）。每一個投資者都希望成為贏

利的一方，但在實際交易過程中，必然是有一方折價賣出了股票。先確定哪裡存在機會正在折價賣出，再確定折價交易的股票是否具有價值。

第二，折價交易的股票是否估值便宜（便宜沒好貨，是否的確物有所值）。在找到存在折價交易機會之後，需要確定折價交易的股票是否的確具有價值。

第三，買入有實質意義的數量（能否堅持將決定付諸實施）。找到了折價交易機會和作出了正確的價值判斷之後，需要堅持並將決定付諸實施。

9．以「黃金分割線」指導理財規劃

黃金分割溯始於數學領域，但對各個領域都有重要啟示。黃金分割的創始人是古希臘的畢達哥拉斯，他在當時十分有限的科學條件下大膽斷言：一條線段的某一部分與另一部分之比，如果正好等於另一部分同整個線段的比，即0.618，那麼，這比例會給人一種美感。後來，這一神奇的比例關係被古希臘著名哲學家、美學家柏拉圖譽為「黃金分割律」。

黃金分割線的神奇和魔力，在數學界還沒有明確定論，但它屢屢在實際中發揮我們意想不到的作用，如攝影中的黃金分割線，股票中的黃金分割線……同樣，黃金分割線在個人的投資理財規劃中也有著神奇的效果，妙用黃金分割線也可使資產安全地保值增值。具體來看，黃金分割線在投資理財領域的應用原則為：

投資負債要成比例

田某是廣州一家飲食集團下屬分公司的財務部長，妻子也在一家財務公司任職，孩子正在讀小學，還要供養2位老人。田某每月的家庭總收入在11000元左右，這個收入在廣州市來說只能算是個小康之家，日常節餘也不多。但是，多年來田某一家的資產一直穩步增長，小日子過得有滋有味。

原來，財務專業出身的田某非常關注自己家庭的財務規劃，對家庭的每一筆投資都非常慎重。他在日常的工作中還創造性地總結出「黃金分割線」的家庭理財辦法。即資產和負債無論怎樣變動，投資與淨資產的比率（投資資產／淨資產）和償付比率（淨資產／總資產）總是約等於0.618。這正是他所謂的理財黃金分割點。多年來，田某一直在這個理財黃金分割點的指引下不斷調整投資與負債的比例，因而，家庭財務狀況相當穩健。

二○○二年時，田某的父母相繼去世，田某每月的開支減輕了2500多元，還分得了7萬多元遺產。一年後，隨著田某在銀行的存款快速增加，黃金分割點有失衡的可能，於是田某決定做點投資。

投資額度要設上限

當時田某的家庭總資產：包括銀行存款、一套109平方米的三居室、貨幣市場基金和少量股票，總價值為105.5萬元，其中房產尚有28萬元貸款沒有還清，淨資產（總資產減去負債）為77.5萬元，投資資產（儲蓄之外的其他金融資產）有39萬元，田某的投資與淨資產的比率為0.503（39÷77.5），0.503遠低於黃金分割線，投資與淨資產的比率低於0.618時，意味著家庭有效資產還未得到合理的分配，沒有達到「錢生錢」的目的。這說明加大投資力度是很有必要的。

要讓資金最快增長，毫無疑問，第一要件是多投入資金。但是因為存在著虧損的可能性，所以田某給投入的資金量設定了上限。加大投資額的同時也要考慮家庭的償付能力，在償付比率合理的基礎上，進行合理的理財投資。這就是田某家庭財務一直很穩健的原因。而大部分人進行理財投資時，往往忽略了自己的償付能力。

借款可優化財務結構

在經濟風險無處不在的今天，如果償付能力過低，則容易陷入破產的危機。償付比率衡量的是財務償債能力的高低，是判斷家庭破產可能性的參考指標。田某的家庭總資產為

105.5萬元，其中淨資產為77.5萬元，而他的房貸款還有28萬元未還。按照償付比率的計算公式，田某的償付比率為0.735（77.5÷105.5）。

從田某多年的財務經驗看，變化範圍在0～1之間的償付比率，一般也是以黃金分割比率0.618為適宜狀態。如果償付比率太低，則表示生活主要依靠借債維持，這樣的家庭財務狀況，無論債務到期還是經濟不景氣，都可能陷入資不抵債的局面；而如果償付比例很高，接近1，則表示自己的信用額度沒有充分利用，需要通過借款來進一步優化其財務結構。

0.735是個比較理想的數字，即便在經濟不景氣的年代，這樣的資產狀況也有足夠的債務償付能力，但0.735遠高於黃金分割率，可見田某資產還沒有得到最大合理的運用，信用額度也沒有充分利用。當然，0.735的償付比率增加了田某投資住宅房的信心。

田某開始尋找符合自己財務的住宅房投資，一方面他要使有效資產得到合理的運用，另一方面又要保證家庭財務的償付比率在黃金分割線左右。

10．與股票長相廝守

當你選擇好公司，買入該公司的股票之後，一定要耐心持有。在這期間，堅持是你唯一要做的工作，因為資金永遠流向好股票。巴菲特曾說過：「如果你不願意擁有一支股票10

年，那就不要考慮擁有它10分鐘。」還說：「我最喜歡持有一支股票的時間是永遠。」

巴菲特習慣於聽取所屬公司的經理人員彙報經營成果而不是公司股票的短期行情。他認為，只要有潛力的公司的權益資本預期收益令人滿意，公司管理層誠實能幹，並且股票市場並未高估該公司股票，他就很願意無期限地持有這些公司的股票。當然，有時候，巴菲特也會賣掉那些價格合理或被低估的股票，這是由於他需要一筆資金購買其他低估程度更高或者低估程度相同但他更了解的公司的股票。

不過，一九八七年，巴菲特投資組合中的3家公司的普通股並未拋售，儘管當時股市對這3種股票嚴重高估。因為，這3種股票是巴菲特列入長期持有名單的股票。一九九〇年，可口可樂公司也被巴菲特列入長期持股的名單。對於處於長期投資地位的股票，巴菲特不會不加區別地拋掉。從巴菲特對這4家公司股票的投資與長期持有行為，你可以看到他確實在實踐著自己的話。

古時候有個寓言：鄭國一個人學做雨具，三年後手藝學成遭遇大旱，製造的雨具售不出去。這個人連忙改學做桔槔（井上的汲水工具）。三年藝成之後卻遇到大雨，桔槔沒有用處，又改回做雨具。不久，盜賊興起，居民都穿軍服，很少帶雨具。他又想學做兵器，可是人已經老了。

股市中有許多投資者像鄭人一樣，時刻熱中於追逐熱點，頻繁換股。可短線套利炒股一般人是把握不了的，畢竟股市千變萬化，當你頻繁換股操作時，若落後熱點一拍，落入熱點陷阱，只會輸得鼻青臉腫。即使靠短期的投機操作賺了一筆小錢，但從長期收益看，仍比不過長期投資。頻繁地買入、賣出股票賺取短差，很容易變成為證券公司打工。

在投資理財中，時間是一個非常重要的因素。長期持有，對投資來說非常重要。如果投資者頻繁地買入賣出，就會大大增加交易成本，實際上損害了自己的投資收益。很多人炒股票，為的就是明天賣出去，沒有長遠打算，自然就享受不到長期升值的好處。

買房子，一般全家出動，仔仔細細地考察區位、朝向、通風、結構、建築品質、社區服務等，幾個來回之後才下決定。所以付出的錢和得到的實際價值比較吻合。

但炒股票，卻沒這些耐心考察上市公司，衡量價格是否合適，只要有消息能賺錢就衝進去，買了什麼東西都不太清楚。一看價格跌了，趕緊拋掉。價格漲了，趕快追上，不但沒賺到錢，還賠了很多手續費。

任何工作都是慢慢努力付出才有回報。股市投資即使賺錢，也像是很枯燥地彎腰撿地上的錢，只要按照正確的方法，地上的錢就會不斷地被你撿回家，非常簡單，但也很辛苦，要堅持常年地撿錢。大部分投資者對地上的小錢視而不見，妄圖賺大錢、賺快錢，往往很容易失敗。

想通過股票投資致富的朋友，一定要有一個正確的態度。即股票市場完全可以賺到很多錢，但絕不是下一週或下一個月，而是幾年幾十年的長期積累。你買10萬元的股票，如果每年收益20％，那麼30年後你退休時，大約變成了2373萬元。怎麼樣？賺大錢吧，但需要用很長的時間耐心等待。買股票之前一定要有一個正確的態度。拋棄幻想，樹立正確的理念，以長期投資心態，與好企業共同發展，才會成果豐碩。

有一個老人，牽一匹馬去鎮上趕集。路上看別人趕著牛，心想有頭牛多好，又有牛奶喝，又能耕地，比馬好。於是，以馬換牛；走著走著，看別人牽著羊，又動心了。羊奶也不比牛奶差，而且羊毛還可以紡線，太實用了。於是用牛換羊；又往前走，看到有人喚著一隻大鵝，又動心了。鵝多好呀，老伴天天希望有一個能看家護院的大鵝，又有鵝蛋吃，蛋比奶的營養好。於是羊換鵝；剛換完，發現有人賣雞，老人一下子醒悟了，鵝可不如雞呀，不僅雞蛋勝過鵝蛋，而且美味的小雞燉蘑菇可是全家過年最願意吃的。於是鵝換雞。換完馬上就想起來，還不如直接換幾個雞蛋，回家就可孵出好幾隻小雞來。當老頭手捧著雞蛋高高興興往家走時，不小心一跤下去，雞蛋摔了個粉碎。

不要像故事中的老人，自以為是地認為自己每次的決定都是對的。總是見異思遷只會讓你雞飛蛋打。故事中的老人沒有受到外界的干擾，現實中的我們往往還要面對許多壓力，別人買的股票漲了，自己持有的股票跌了。這時候你是否還能做到氣定神閑呢？

對一個普通散戶來說，聽道理是一回事，實際操作又是另外一回事。當你精挑細選之後，拿錢買了股票，卻眼瞅著股價步步下跌的時候，真正經受考驗的不是智商，而是信心。如果對自己的判斷沒有足夠的自信，對價值規律沒有足夠的認識，即使抓住了下金蛋的母雞，也仍然會以雞飛蛋打的結局收場。

在瞬息萬變的市場上，建立良好的心態，靠的不是心理培訓，而是長期的訓練和實踐，放棄那些關於投機暴富的不切實際的幻想，真正遵循價值投資的客觀規律。畢竟，和消息、概念比起來，這些規律才是最可靠的。

無論市場是大牛市還是大熊市，都絕對不能拿吃飯的錢去投資。你的投資目標，無論是養老還是孩子的教育基金，投資收益的使用都應該是很久以後的事情，要給自己足夠的投資期限，不要指望在短期內靠買賣股票改善生活品質。這樣，你就不會在意市場的短期波動，因為你沒有短期壓力；你會堅定的長期持有，因為你的目標是遠期的，而且在未來的10～20年，你還會不斷地投資。

在牛市中頻繁換股是大忌，牛市表示行情已經進入了一個上升階段，雖然在上升的過程中會頻頻出現一些盤中跳水的動作，但可當做是一種盤中壓縮上漲速度的傾向，應該堅定持股信心，等待上揚是最佳策略，而不能頻繁換股。

中銀萬國首席經濟學家楊成長認為，投資者要將長期投資與投資熱點區分開。股民在購入股票時，應該分析該股是價值投資還是熱點投資。如果是價值投資，就要長期持有，切忌

頻繁換股。如果是熱點個股，就一定要密切關注大盤和個股走勢，不要接最後一棒，對於散戶來說，若沒有專業知識和判斷市場行情的能力，最好堅持長期投資，頻繁換熱點股容易被套入深淵。

作為長線投資者，作為價值投資者，鎖定目標個股介入之後，要做的就是堅定持有，在目標值未達到的情況下，堅定持有，而不是三心二意。來到這個市場上，大家都為資金增值而來，假如有明確的公司價值的評估，而且公司業務持續向好的方向不斷發展，你要做的就是在安全邊際買入，堅定持有，以最簡單的操作、最簡單的心態面對這個複雜的市場。

一些投資者以為長期持有就是只要買了股票放在那裡就不用管了，就可以賺到很多錢，事實也許確實如此。但在進行長期投資以前，需要對買入的股票綜合分析，判斷買入股票的時機是否合適，買入前後對持有的時間有所考慮，以及在持有過程中不斷觀察和研究發行這只股票上市公司的情況及股票價格的異常變化。

即使是巴菲特也是逢低進入，長期持有，而不是追漲殺跌。有時候一支好股票因為買入時機的不正確反而會造成虧損，一支差股票因為買入時機的正確而有所贏利。如果一支股票在一年內就完成了預期的投資目標（比如5倍，10倍或30％），投資者在經過分析後再決定是否要堅持做長線，持有這支股票。長期持有是基本策略，而具體該怎麼做，則需要你根據市場作出精準判斷。

你每年也可以重新審視一下自己的投資組合，因為上市公司也有可能會破產。但無論如何，不可輕易買進賣出，畢竟判斷一支股票並不是那麼容易的。

買入你覺得處於安全邊際的個股，賣出你覺得超出其價值的瘋狂個股，這就是你來到這個市場為你的資金增值所需要做的。因為絕大多數的主力資金是在挖掘個股的價值，長線滾動持有，並且獲利。越簡單的方法，往往越有效。

在平時的交易過程中，不要受到消息的影響而不能形成自己獨立思考的習慣。有人告訴你如何選成長股、價值股，漲10倍、100倍股票的標準，這可能都很容易理解，但真正決定成敗的還是投資思想層面的一些領悟，比能看到的某些數量級的標準更為重要。

前面已經說過，股票投資的真諦在於通過買入股票成為某家公司的股東，分享公司的成長帶來的利潤。好公司會帶來利潤回報，壞公司帶來的只有虧損，買股票就是買公司。這樣，買入股票的價格高低決定了未來有沒有回報以及回報的大小。一個好公司，如果我們以過高的價格買入並持有，也照樣不會產生好的利潤回報。以真正便宜的價格買入好公司，是長線投資的最重要的策略之一，也就是前面我們所說的價值投資。

如果你真的能夠按照前面所說的標準來選擇公司，選擇有投資價值的股票，那麼這時候你需要做的就是「喜歡它，就長期持有它」。價值投資在某種程度上就是長期投資。

從投資歷史可以發現，要真正在股市長期發展中取得好回報，一定要長期持有好的企業股票以分享企業成長的好處。萬科最大個人持股者叫劉延生，一九九一年前後他總共買了大概400萬股，10多年他一直伴隨著萬科成長，二〇〇七年時他手上的這部分股票市值已經突破了20億元。很多時候，「堅守」是比「買入」更加考驗投資成熟度的操作。能夠在股市低迷時堅守優質股票的投資者都是有思想的，更是有毅力的。

二〇〇八年3月，我國著名經濟學家、國務院發展研究中心金融研究所副所長巴曙松表示，巴菲特投資股市的收益約為25％，二〇〇六年和二〇〇七年，中國股民選一支好股並持有，收益都遠遠超過這個收益。但巴菲特數十年來可以做到平均每次投資收益這麼高，而我們的投資者卻不能。

巴菲特可以說的上是一個名副其實的富人，他在進行股票投資的時候，傾向於與股票「長相廝守」，待到股票價值升到一個制高點時，才斷然地與其相忘於江湖。巴菲特的股票投資策略啟示投資者，即使在投資領域，「長相廝守」也遠勝過「露水情緣」。

11．一旦賺到合適的利潤就立刻賣掉，絕不猶豫

說起現今全球薪金最高的基金經理人，那就非彼得・林奇莫屬了。他是麥哲倫100萬共同基金的創始人，也是傑出的職業股票投資人、華爾街股票市場的聚財巨頭。

彼得・林奇在他幾十年的職業股票投資生涯中，股票生意做得極為出眾，尤其是在一九七七年接管並擴展麥哲倫基金以後，他的優異成績讓麥哲倫迅速成為有史以來最龐大的共同基金，它的資產也由二〇〇〇萬美元迅速增長到了84億美元。

基金公司的投資配額表上的股票已由最初的40多種逐漸增長到1400種。林奇也因自己的優異表現獲得了頗豐的收益。彼得・林奇驚人的成就使他在金融界聲名大振，迅速躥紅。就連美國最有名的《時代》週刊都稱他為第一理財家，而《幸福》雜誌則授予他股票領域超級投資巨星的美譽。彼得・林奇也在投資中感覺到了自己的實力和天分，因此常常以股票天使自居。彼得・林奇在股票投資經營中，與巴菲特等投資大師有著完全不同的投資理念和投資手段。

彼得・林奇稱自己是屬於典型的現代派投資家。也就是說不管是什麼種類的證券，價值股也好，成長股也好，績優股也好，哪怕是期權期貨（這一點林奇除外），只要是有利可圖就投資，一旦賺到合適的利潤，彼得・林奇就立刻賣掉，絕不猶豫。

彼得・林奇在投資中有自己的套路，他總是堅持買進有盈利能力企業的股票，而在沒有極好的利潤時他是不會隨便拋掉的；他認為自己在投資股市時總是抱有持續賺錢的目的，絕不是為了賺一次錢就跑掉。彼得・林奇覺得如果想靠股市賭博來發財，那還不如離開股市，去賭場會更好些；他在投資中從來不會在自己不懂的事情上投入大量的資金，他認為那樣是危險而且可笑的；他還認為如果一個投資者過度鍾情於計算，就非常不適合在股市投資，那種投資者多半不能成功；他認為某支股票比以前便宜不能成為買進的理由，因為這樣的股票有可能創出新低，同樣僅僅因為它比以前貴了就拋掉也不是理性的方式，因為它有可能會創出新高，所以不要單純依靠價格來說事。

12．以退為進，保存投資實力

「三十六計，走為上。」這七個字概括出一個永恆的真理。任何一個投資領域，都是進與退的矛盾組合，很多時候，「進」雖然重要，但是「退」也不可缺少。有時候退得巧妙，退得智慧，不但能保全實力，還能為下一次「進」打下基礎，留下埋伏。富人如此，一些知名企業也是如此。

當年為了提高產量，日立公司決定擴大規模，於是投入了巨額資金，購進了大批建築材料，還新添置了許多設備。沒承想正趕上二十世紀60年代初整個日本經濟蕭條，大量成品賣不出去，如果繼續擴大生產就會雪上加霜。

面對日益萎縮的市場，日立公司只有兩個選擇：一是「進」，即繼續投資；二是「退」，即馬上停止投資建設。通過董事會認真分析、研究，最後日立公司斷然作出「退」

的決定，立刻全面停止擴大規模的行動，把資金轉移到其他領域，保存實力，等待機會。

結果證明，日立公司的選擇是明智的。從一九六二年開始，日本其他著名的電器公司銷售成績都顯著下滑，唯獨日立公司的業績一直穩步攀升。

留得青山在不怕沒柴燒。日立公司的以退為進的理念值得投資者借鑒。由於市場經濟下競爭加強，總有些廠家企業爭來鬥去，無形的戰火常常會讓爭鬥者兩敗俱傷，反而給第三方留了獲勝機會。其實在某些時候，適當地退一步，不與人明爭，也不失為一個好辦法。

某洗髮水公司的產品在市場上銷售情況非常好，忽然有一天，公司得知另一家公司很快就要在市場推出一款性能更優的產品。公司產品的市場前景變得不明朗起來。

公司公關部經過認真研究，向公司提出建議，在另一家公司的產品上市之前，把自己的產品從各大商場超市全部撤出。這就使得用慣了該公司品牌的洗髮水的用戶突然感到少了一個好幫手。因此，他們就感到這個品牌的洗髮水對他們來說非常重要。

在競爭對手的洗髮水上市的同時，公司讓自己的產品在市場上重新鋪貨。使得用戶們突然發現，自己又能買到多日不見的洗髮水了。在用戶們倍感親切欣喜的時候，競爭對手所作的一切促銷活動都顯得黯然失色。

《三十六計》中：「全師避敵，左次無咎，未失常也。」就是講：為了保全軍事實力，退卻避強。雖退居次位，但免遭到災禍，這不僅是一種明智的的用兵之法，也是一種明智的投資理財手段。

原伊利集團副總裁牛根生，由於為人處世方面與總裁格格不入，被迫離職。牛根生非常生氣，於是帶著資金以及原來手下的9名核心員工共同創立了「蒙牛」公司。蒙牛創業初期勢單力薄，只有一千萬元資產，而伊利的固定資產是幾十億元，兩者相差懸殊。

為了宣傳自己的品牌，牛根生拿出三百多萬元做廣告宣傳，在呼和浩特市的街道兩旁豎起了很多「蒙牛」的燈箱廣告。可是才幾天時間，40多個廣告燈箱就被人在一夜之間毀掉了。稍微一想每個人都知道這是誰幹的，然而牛根生卻沒讓大家把這件事情弄大。

當時蒙牛實力非常弱小，與當地其他大企業相比，明顯不是對手，而從競爭角度來講，興發和伊利要想合夥消滅蒙牛是很有可能的，而且只要伊利稍吹陣風，蒙牛也會動盪搖擺。

牛根生很有自知之明，知道現在最重要的就是保存實力、積攢力量，於是他打掉牙往肚子裏咽，開始為競爭對手做廣告：蒙牛在冰淇淋的包裝上打出「為民族工業爭氣，向伊利學習」的字樣；有的看板上寫著「千里草原騰起伊利、興發、蒙牛乳業」。蒙牛表面上在為伊利和興發免費做廣告，其實在為自己做廣告，宣傳了自己又保存了實力，防止惡性競爭。最終，伊利和興發接受了蒙牛的免費廣告的做法，給蒙牛留了一條出路。

所以說不論在哪個領域做投資，投資者首先要問自己：能預見風險嗎？不能，就離開此地！不能預見風險，就不能規避風險，不能規避風險，談不上盈利，連本錢也將輸得精光！

因此，以退為進、保存實力是投資要掌握的首要問題！

在股票投資中，上帝也沒有一直垂青索羅斯。一九八七年，索羅斯遭遇了他空前的「滑鐵盧」。但是索羅斯採取以退為進的方針，及時從市場中退出，為自己日後東山再起留下了伏筆。

根據索羅斯關於金融市場的「盛——衰」理論，繁榮期過後必存在一個衰退期。他通過有關管道得知，在日本證券市場上，許多日本公司，尤其是銀行和保險公司，大量購買其他日本公司的股票。有些公司為了入市炒作股票，甚至通過發行債券的方式進行融資。

日本股票在出售時本益比已高達48.5倍，而投資者的狂熱還在不斷地升溫。因此，索羅斯認為日本證券市場即將走向崩潰。但索羅斯卻比較看好美國證券市場，因為美國證券市場上的股票在出售時的本益比僅為19.7倍，與日本相比低得多，美國證券市場上的股票價格還處於合理的範圍內，即使日本證券市場崩潰，美國證券市場也不會被過多波及。於是，一九八七年9月，索羅斯把幾十億美元的投資，從東京轉移到了華爾街。

然而，首先出現大崩潰的不是日本證券市場，而恰恰是美國的華爾街。一九八七年10月19日，美國紐約道・鍾斯平均指數狂跌，創歷史紀錄。在接下來的星期裏，紐約股市一路下滑。而日本股市卻相對堅挺。索羅斯決定拋售手中所持有的幾個大的長期股票份額。其他的交易商捕捉到有關資訊後，借機猛砸被拋售的股票，使期貨的現金折扣降了20％。

五千個合同的折扣就達2.5億美元。索羅斯因此而在1天之內損失了2億多美元。索羅斯在這場華爾街大崩潰中，損失了大約6.5億～8億美元。這場大崩潰使量子基金淨資產跌落26.2％，遠大於17％的美國股市的跌幅，索羅斯成了這場災難的最大受害者。

索羅斯雖然痛恨賠錢，但他卻能夠忍受痛苦。對於其他人而言，犯錯是恥辱的來源；而對於他來說，認識到錯誤則是一件可以引以為自豪的事情。因為在他看來，對於事物的認識存在誤區是人類與生俱來的本能，他不會因為錯誤百出而倍感傷心丟臉，他隨時準備去糾正自己的錯誤，以免在曾經跌倒過的地方再度絆倒。

他在金融市場上從不感情用事，因為他明白理智的投資者應該是心平氣和的，不能求全責備。正如他經常所說的：「如果你的表現不盡如人意，首先要採取的行動是以退為進，而不要鋌而走險。而且當你重新開始時，不妨從小處做起。」

當投資者決策失誤、造成巨大損失時，自責是毫無意義的，重要的是勇於承認自己的錯誤，及時從市場中撤出，盡可能減少損失。只有保存了競爭的實力，你才能夠捲土重來。索羅斯具有比別人能更敏銳地意識到錯誤的才能。當他發現他的預期設想與事件的實際運作有出入時，他不會待在原地坐以待斃，也不會對於那些該死的出入視而不見，他會進行一次徹底的盤查以期發現錯誤所在。一旦他發現錯誤，他會修正自己的看法以圖東山再起。正是因為索羅斯的這一寶貴品質，他才始終能夠在動盪的市場中保存實力。

一個投資者之所以被稱為「偉大的投資者」，關鍵不在於他是否永遠是市場中的大贏家，而在於他是否有承認失敗的勇氣，能否從每一次的失敗中站起來，並且變得更加強大。索羅斯恰恰具備了作為一個「偉大投資者」的素質。這也就是索羅斯在經歷了一九八七年10月份的慘敗之後，卻仍能使量子基金一九八七年的增長率達到14.1%，總額達到18億美元的原因之一。

13．以捨得哲學進行股票投資

不少投資者在精研各種技術圖形、了解上市公司基本面後，投資成績仍不理想，其原因多種多樣，其中之一是不會在恰當的時機捨棄，心中之結總也解不開。

古希臘的佛裏幾亞國王葛第士以非常奇妙的方法，在戰車的軛上打了一串結。他預言：誰能打開這個結，就可征服亞洲。一直到西元前三三四年，仍沒有一個人能夠成功地將繩結打開。這時，亞歷山大率軍入侵小亞細亞，他來到葛第士繩結前，不加考慮，便拔劍砍斷了繩結。後來，他果然一舉佔領了比希臘大50倍的波斯帝國。

一個孩子在山裏割草，被毒蛇咬了腳趾。孩子疼痛難忍，而醫院在遠處的小鎮上。孩子毫不猶豫地用鐮刀割斷受傷的腳趾，然後，忍著劇痛艱難地走到醫院。雖然缺少了一個腳趾，但孩子以短暫的疼痛保全了自己的生命。

亞歷山大毫不猶豫地劍砍繩結，說明了他捨棄了傳統的思維方式；小孩子果斷地捨棄腳趾，以短痛換取了生命。在某個特定時期，很多富人常常敢於捨棄，因為這樣才有機會獲取更長遠的利益，即使一時之間難以避免遭受挫折，但這至少是最佳的失敗方式。

在股市裏，幾乎所有人都遭受過套牢之苦。哪怕當時有一萬個理由支持自己去買某支股票，但常常被市場中不是理由的理由使投資者美夢落空。處於股市的複雜環境下，一旦套住，大多數人採取守倉之策，雖然守住不動總有解套之日，但若1年、2年、5年都解不了套，資金的快速流動和增值就都是一句空話。守倉是一策，但不是上策。

股票炒作成敗往往系於取捨之間，不少投資者看似素質很高，但他們常常因為難以捨棄眼前的蠅頭小利，以致忽視了更加長遠的目標。成功投資的富人往往只是因為一年抓住了一兩次被別的股民忽視的機遇——而機遇的獲取，關鍵在於投資者是否能夠在投資道路上進行果斷的取捨。

14．為自己留一條後路

一九九二年，第25屆奧運會在西班牙巴賽隆納舉行。該市一家電器商店老闆，在奧運會召開前向巴賽隆納全體市民宣稱：「如果西班牙運動員在本屆奧運會上得到的金牌總數超過10枚，那麼顧客自6月3日到7月24日，凡在本商店購買電器，就都可以得到退還的全額貨款。」

這個消息轟動了巴賽隆納全市，甚至西班牙各地都知道了這件事。顯而易見，大家此時在這家電器商店買電器，就等於抓住了一次可能得到全額退款的機會。於是，人們爭先恐後地到那裡購買電器。一時間，顧客雲集，雖然店裏的電器價格較貴，但商店的銷售量還是大幅度地猛增。

然而出人意料的事情發生了，才到7月4日，西班牙的運動員就獲得了10金1銀，正好超過了該商店老闆承諾的退款底線。此時距7月24日還有20天的時間。如果以前購買電器的退款已成定局，那麼在後20天內購買的電器無疑也得退款，於是人們比以前更加賣力地搶購電器。

據估計，電器商店的退款將達到100萬美元，看來老闆是非破產不可了！當顧客紛紛詢問商店什麼時候履約時，老闆卻從容不迫、出人意料地說：「從9月份開始兌現退款。」

「這是為什麼？他能退得起嗎？」人們的心裏難免有類似的疑問。

原來老闆早作了巧妙的安排。在發布廣告之前，他先去保險公司投了專項保險。保險公司的體育專家仔細分析了西班牙可能得到的金牌數，一致認為不可能超過10枚金牌。因為往屆奧運會，西班牙得到的金牌數最多也沒超過5枚，於是保險公司接受了這個保險。

可對於電器老闆來說，卻得到了一個旱災水災都有收成，只賺不賠的保險。如果西班牙運動員在本屆奧運會上得到的金牌總數不超過10枚，那麼電器商店顯然發了一筆大財，保險公司也無須賠償，結局是雙贏；反之，如果西班牙運動員在本屆奧運會上得到的金牌總數超過了10枚，那麼電器商店要退的貨款，屆時將全部由保險公司支付賠償，而與電器商店毫無關係，那麼電器商店無疑發了更大一筆財。不管得到多少塊金牌，電器商店的老闆都是只賺不賠。

人們常說「置之死地而後生」，想當然地以為只要把自己逼到絕路便可以柳暗花明，但事實上，這種做法是非常危險的，因為如果情境的複雜性超越了人的潛力的話，最終的結局只會是「置於死地而無後生」。關於風險管理，富人的主張是：只贏自己能贏得起的，不輸自己輸不起的，對於輸不起的交易，便要為自己留一條後路。

15．時刻警惕投資誤區

股市有風險，有陷阱，有誤區，看起來是一個非常危險的地方，但也是個非常誘人的地方。往往越誘人的地方陷阱越多，一些富人認為，如果你清楚何處有陷阱，哪些區域進不得，相對而言就安全了很多。對於如下兩個最常見的投資誤區，很多富人都有共識。

1．相信所謂內部消息，不肯自己判斷

大部分投資者無法分辨投資對象的優劣，因此把朋友、經紀商以及投資顧問視為其投資建議的可靠來源，殊不知這些來源可能正是導致其虧損的罪魁禍首。傑出的投資顧問與經紀商就如同傑出的醫生、律師、棒球選手一樣，百不及一。

靠消息行嗎？90％的消息都是假的，只有10％是真的，但更害人的是，它讓你得點甜頭之後相信更大的假消息。一般來說，正常的消息是傳播不出來的。你聽過這樣的消息嗎？「誰也別告訴，絕密消息，今年我們國家的經濟形勢很好。」「絕密消息，這個公司有一個團結奮進的經營班子，長期前景看好。」「絕密，這支股票明天要漲停。有機構在做，目標價位：翻一番。」你仔細想一下，作為散戶，消息傳到你耳朵裏經過了多少道手？即使消息是真的，其價值也大打折扣了。

有些人總是靠耳語、謠言、故事以及一些業餘人士的建議投資股票。換句話說，他們等於是把自己的血汗錢交給別人投資、而不願意費神確定自己真正要投資的是什麼。他們寧願相信別人的耳語，也不願相信自己的判斷與決策。

靠聽股評能賺錢嗎？很多人說，看電視上、報紙上的專家怎麼評論市場、怎麼點股，照

著做不就行了嗎？這裏有兩點你解決不了：

一、專家未必都對，尤其是專家們對市場的預測，就沒有幾次是對的。而專家點評股票是有一定時間性的，專家改變觀點的時候，沒有告訴你，你還在相信他以前的觀點，不就錯了嗎！

二、證券市場沒有專家，只有贏家和輸家。那麼多的所謂專家，未必都有真才實學。即便是真正的專家，也不能替你做一輩子主。

當今全球排名最靠前的大富翁，一個是巴菲特，一個是比爾・蓋茲，兩個人是非常要好的朋友，經常在一起打橋牌。比爾・蓋茲教巴菲特上網，還給巴菲特講了很多次關於他的企業——微軟的情況，但巴菲特就是不買微軟的股票。他說，我怕我養成了靠消息——哪怕是最好朋友的消息，而購買自己不了解的公司股票的壞習慣。

2．喜歡低價買進股票

大部分投資人都傾向於買進低價格的股票。他們認為，用同樣的錢與其買50股較昂貴的股票，不如買100股或1000股較便宜的股票。事實上，理智的投資者會購買價格較高、公司營運狀況較佳的股票。因為投資成功的祕密，不在於你可以買入多少股票，而在於你能買到的股票的升值潛力有多大。

每股2美元、5美元或10美元的股票看起來好像都是便宜貨，然而大部分股價低於10美元的公司，不是營運狀況不好，就是經營體制不健全。物美價廉的規則不適用於股票投資。另外，大量買進低價股所負擔的傭金比較多，風險也比較高，因為低價股下跌15%～20%的速度遠高於高價股。專業交易員與機構投資人大都不會購買單價在5美元或10美元的股票。

在股價下跌時買進股票，這是一項相當嚴重的錯誤。買一支股價遠比前幾個月水準低的股票，看來是撿到便宜貨，然而這種做法卻可能導致重大損失。有位投資者曾在一九八一年3月份以每股19美元的價格買進國際哈佛斯特公司（International Harrester Co.）的股票，理由是該股股價已大幅下挫。這是他的第一筆投資，然而也是他所犯下的第一個致命錯誤，因為國際哈佛斯特公司股價之所以大幅下跌，是因為該公司已經瀕臨破產邊緣。

追低買進也是一項嚴重的錯誤。假如你以每股40美元的價格買進某支股票，然後又在股價跌至30美元時買進，看起來你買進該支股票的平均價格為每股35美元，但是實際上卻是把自己的資金押在一支持續下跌的股票上。這種業餘人士使用的操作策略很可能會造成令人難以想像的損失。

有98%的投資人不敢在股價創新高時買進股票，因為他們擔心股價已經漲得過高。然而依靠個人感覺所作的判斷絕不會比股市走勢所透露出來的資訊準確。

除了上面兩個常見錯誤，股市還有四個禁忌：滿時、滿利、滿倉、自滿。

股票投資最忌滿時。所謂滿時，指的是投資者一年四季，都始終不停地操作。炒股最重要的是研判大勢。當大勢向好時，要積極做多；大勢轉弱時，要空倉休息。有的投資者卻不是這樣做，他們不管股市冷暖，都不停地勞作，像勤勞的蜜蜂一樣，為了蠅頭小利而忙忙碌碌。他們這樣做，不僅會勞而無功，而且還會因此遭遇到更多的風險。投資者在股市中，要學會審時度勢，根據趨勢變化，適時休息，這樣才能在股市中準確地把握應該參與的機會。會休息，才會賺錢，否則到手的利潤也會不翼而飛。

股票投資的另一大忌是滿利。滿利是指投資者總想在最低價時買入、在最高價時賣出，一味地追求利潤最大化。有的投資者喜歡追求暴利，總想把一支股票的所有利潤全部拿下，結果是經常來來回回地坐電梯。很多投資者卻不贏反虧，原因就在於：他們為了想賺取更多的利潤而沒有及時地獲利了結，結果將到手的利潤蝕回去。投資者要保持長期穩定獲利的根本原則是不要爭取最大化的利潤，而要爭取最有可能實現的利潤。穩步增長，不管什麼時代，都是賺錢的正道。

股票投資的第三大忌是滿倉。股市中的大戶之中，其中不乏因為過度滿倉（透支）而被打穿的，最終落個被交易所強制平倉出局的下場。炒股和做人一樣，凡事要留有迴旋餘地，方能進退自如。對於散戶而言，投入股市的錢，如果都是養家糊口的養命錢，一旦滿倉被套，巨大的心理壓力下造成的憂慮情緒，必將影響對後市行情的分析判斷，最後結果不言而喻。即使行軍打仗也要有預備隊，股市上也要有後備的資金。其實，滿倉做多，就是貪心的一種具體表現。不放過任何機會和利潤的操作意圖，結果，往往是被迫放棄的機會更多。

股票投資第四大忌是自滿。有的投資者在剛進入股市的時候，還常常能有所斬獲，等到變成老股民以後，因為賺了些錢，學了些指標，讀了幾本書，就漸漸地盲目自信起來，追漲殺跌，快速進出，結果，反而輸多贏少，虧損嚴重。驕傲自滿會阻礙投資者提高操作水準，會使投資者對股市的認識出現偏差。股市的發展是日新月異的，任何人如果驕傲自滿，都會停滯不前，最終必將被股市所淘汰。

明白了股市的禁忌和最常見錯誤，投資者就可以降低投資失誤的機率。前人之失，後人之鑒。投資者只有不斷地學習和總結，才能讓自己的投資決策越來越明智。

下面是一些投資者比較常見的錯誤，投資者不妨引以為鑒：

1．不懂選擇好股票的標準，所以入不了門。他們往往盲目地去買四流的股票。

2．在股票跌的時候買進最容易賠錢。有人專愛揀便宜貨，卻往往是便宜沒好貨（這也是散戶最容易患的毛病）。

3．往下而不是往上加買。這一外行投資策略會造成巨大虧損，幾次大賠就可能全部輸光了。

4．買一大堆便宜貨。兩三塊錢的股票惹人愛。但如果買一大堆，賠起來也很快。買廉價的股票傭金多付，跌起來比其他股票要快得多。

5．往往想一蹴而就。不經過充分的研究和準備，不學習基本技巧，短時間內就想大賺特賺。

6．喜歡根據內幕、小道消息和某些顧問公司的建議來買股票。寧願聽別人的話，拿自己辛辛苦苦賺來的錢去冒險，而不是想辦法自己搞個明白。大部分小道消息是假的，即使是真的，股票價格也往往會反著走。

7．僅僅是看分紅高或是價格／收益比率而購買二流股票。分紅並不重要。一個公司如果分紅太多，它就得外出籌資並為此付出高利息。但一家公司的價格／收益比率低可能是因為它過去一直表現不佳。

8．喜歡買名字熟悉的公司的股票。許多好股票公司的名字你可能從未聽說，但通過研究卻可以發現它們值得你投入。

9．找不到好的資訊諮詢，得到好建議也分辨不出，或不能照辦。一般的朋友、經紀人或諮詢公司都提不出好建議。只有少數已經在股市有所收穫的朋友、經紀人或諮詢公司提的意見才值得參考。出色的經紀人和出色的大夫一樣，十分難得。

10．不敢買價格創新高的股票。總覺得價格太高，但最後個人的感覺和想法，往往與市場不符。

11．死守虧損，不願砍單。在損失還小、還合理時不願了斷，卻一廂情願地死守，直到虧損不斷擴大。

12．太快兌現利潤。賺錢的股票總是很快就賣掉，虧錢的總是死守著。

13．過多使用限價委託，而不用市價訂單。過分計較價格，而忽略了大的走勢。限價訂單會導致脫離市場、該砍單出場時不果斷的局面出現。

14．舉棋不定。在決策時不知道自己在幹什麼，既無計畫，又無準則，所以左右為難。

15．不能客觀地看待股票，總帶有主觀的喜好。憑自己的喜好決策，忽視市場的信號。

16．受一些並不真正緊要的事情影響，如分股、增加分紅、新聞發布、諮詢公司、財經專家名嘴建議等等。

17．我必須不虧本才能賣出手中的股票，我不能賠本。

18．我投資的錢一定要有相當比例的回報。

19．我一定要做得比某人有成效。

20．我必須在股價降到谷底時買進。

21．我必須在股價上升到最高點時賣出。

22．我應該在更低價時才買進。
23．我只買本益比低的股票。
24．我只買績優股。
25．我只買價高的股票。
26．股市都由內幕和專家操縱，一般人根本沒有機會獲利。
27．所謂的投資專家根本什麼也不懂，常常判斷錯誤。
28．絕對不要買經紀人推薦的股票。
29．經紀人花了許多心血研究股市，他們永遠比我懂得多。
30．我比這些投資專家聰明得多。
31．我這次的股票一定要把上次的損失彌補回來。
32．我不能犯錯誤；我必須作正確的決策。
33．如果我賠了錢，別人會怎麼想？
34．賠錢實在是太可怕了！
35．我犯了錯誤，我受不了別人的批評。
36．我打算在股市賺大錢，漂亮地出來，別人會十分尊重我。
37．我喜歡股市的新鮮刺激。

38．我越有錢，就越是個有價值的人。

39．我購買的股票在股市的表現，反映了我個人的才智和能力。

40．如果我投資股票做得太成功，會遭到周圍人們的嫉妒。

〈全書終〉

國家圖書館出版品預行編目資料

成為有錢人／麥哲倫著 -- 初版-- 新北市：
新潮社文化事業有限公司，2022.01
冊；　公分
ISBN 978-986-316-819-5
1. 成功法　2. 財富

177.2　　110017796

成為有錢人

作　者　麥哲倫
主　編　林郁
企　劃　天蠍座文創製作
出　版　新潮社文化事業有限公司
電話 02-8666-5711
傳真 02-8666-5833
E-mail：service@xcsbook.com.tw

印前作業　東豪印刷事業有限公司
印刷作業　福霖印刷有限公司

總 經 銷　創智文化有限公司
新北市土城區忠承路 89 號 6F（永寧科技園區）
電話 02-2268-3489
傳真 02-2269-6560

初　版　2022 年 02 月